Darcel richard Joseph paris décédé
lundi, le 24 août 2015

FOLIOTHÈQUE
Collection dirigée par
Bruno Vercier
Maître de conférences
à l'Université de
la Sorbonne Nouvelle – Paris III

Blaise Cendrars
L'or
par Claude Leroy

Claude Leroy

présente

L'or

de Blaise Cendrars

Gallimard

Claude Leroy est professeur de littérature française à l'Université de Paris X - Nanterre. Spécialiste de littérature moderne, il a consacré de nombreux travaux à l'œuvre de Blaise Cendrars.

Le dossier iconographique a été réalisé par Nicole Bonnetain.

© *Éditions Gallimard, 1991.*

SIGLES ET RÉFÉRENCES

Les références aux œuvres de Cendrars sont prises dans les éditions suivantes :

ACM	*Au cœur du monde* (1924-1929) : *Feuilles de route*, etc., Poésie-Gallimard.
A	*Aujourd'hui*, Denoël, *Œuvres complètes*, tome IV.
B	*Bourlinguer*, Folio.
BCVP	*Blaise Cendrars vous parle*, Entretiens avec Michel Manoll, Denoël, OC, VIII.
BNS	Document provenant de la Bibliothèque nationale suisse à Berne.
Br	*Brésil. Des hommes sont venus*, Fata Morgana, 1987.
DME	*Du monde entier* (1912-1924) : *Les Pâques à New York, la Prose du Transsibérien, Le Panama, Dix-neuf poèmes élastiques, Documentaires*, etc., Poésie-Gallimard.
DN	*Dites-nous, Monsieur Blaise Cendrars...* Réponses aux enquêtes littéraires, Rencontre, 1969.
DY	*Dan Yack (Le Plan de l'Aiguille, Les Confessions de Dan Yack)*, Denoël, OC, III.
HF	*L'Homme foudroyé*, Folio.
IS	*Inédits secrets*, Club français du Livre, 1969.
JPJ	*John Paul Jones ou l'ambition*, Fata Morgana, 1989.
LC	*Le Lotissement du ciel*, Folio.
M	*Moravagine*, Denoël, OC, II.
MC	*La Main coupée*, Folio.
NF	*Une Nuit dans la forêt*, Denoël, OC, VII.
O	*L'Or*, Folio.
OC	*Œuvres complètes*, Denoël.
R	*Rhum*, Denoël, OC, III.
SSFV	« Sous le signe de François Villon », *La Table Ronde*, nº 51, mars 1952, p. 69.
TT	*Trop c'est trop*, Denoël, OC, VIII.

« Ces paisibles campagnards bâlois furent tout à coup mis en émoi par l'arrivée d'un étranger. »
Illustration de Sauvayre pour les Editions de la Nouvelle France. 1956. Ph. Ed. Gallimard © Spadem, 1991.

I UNE AVENTURE AMBIGUË

L'Or est un roman solitaire. Sa notoriété n'est pourtant pas en cause. Depuis sa parution en 1925, il demeure un des textes les plus lus de Cendrars, avec quelques poèmes (la *Prose du Transsibérien*, surtout), *Moravagine* ou *Bourlinguer*. De son auteur, beaucoup ne connaissent même que lui. A tort ou à raison, certains y prennent l'idée d'un romancier vif et pressé, courant droit au but, plus soucieux de faits que de signes, préférant les voyages aux recherches formelles. Un moderne, sans doute, puisqu'il le revendique haut et fort, mais alors de l'aventure plus que de l'écriture. Et c'est là que le bât blesse un peu. Si *L'Or* est loin d'être un roman méconnu, cette réussite, jusqu'à un certain point, s'est retournée contre Cendrars. Elle a favorisé chez plus d'un lecteur une sorte d'*arrêt sur légende*.

Que *L'Or* prête à légendes, nul doute. Si l'on a souvent identifié l'auteur à son personnage, c'est sur la suggestion d'analogies que le roman ne décourage pas, et même sollicite. Ces deux Suisses à l'étroit dans leurs cantons, prompts à prendre le large sans esprit de retour, également rétifs à la vie de famille et aux contraintes collectives, toujours prêts à prendre leurs désirs pour la réalité, ces rêveurs sur le vif, comment ne pas les rapprocher ? En plus d'un endroit le roman y pousse franchement le lecteur. Les critiques du temps ne s'y sont pas trompés. Un brouillard de voyages et d'affaires, dont Cendrars a toujours aimé s'environner, a fait le reste. C'est depuis *L'Or* que Cendrars passe pour un romancier de l'aventure, et un écrivain pour la jeunesse.

Mais depuis *L'Or* seulement. Car, en 1925, la parution de ce livre a bouleversé, à l'improviste, le cours de sa carrière et les images reçues. Depuis ses débuts à Paris, en 1912, Cendrars était perçu comme un poète d'avant-garde. S'il publiait, c'était fort peu. Ses entrées, il les avait dans des revues aussi prestigieuses que confidentielles *(Les Soirées de Paris, Montjoie!, Der Sturm)*. Et il était l'auteur de quelques très rares plaquettes à tirage limité, chez des éditeurs dont le grand souci de qualité n'avait d'égale que la petite diffusion : Les Hommes Nouveaux, qu'il fonde lui-même pour publier *Les Pâques* en 1912, La Sirène, dont il est (de 1917 à 1920) le directeur littéraire avec Cocteau, ou Bernouard. Qui le lisait ? Ses pairs et quelques fervents. Le grand public ignorait jusqu'au nom de Cendrars.

Pendant la Grande Guerre, où il s'engage comme volontaire, il se tait. Du front, il reviendra sans sa main droite, sa main d'écrivain. Sa situation d'écrivain ne se transforme pas immédiatement. Cendrars est revenu de guerre avec un bras en plus, disait Picasso avec un humour très noir. Sans doute parce que, d'abord, lorsqu'il retourne à Montparnasse auprès de ses amis peintres, on ne voit que lui. Il parle haut en agitant son moignon, il boit trop, écrit peu. Mais il reste aux yeux de tous un poète d'avant-garde.

Malgré d'évidentes affinités, il ne sera pourtant ni du mouvement dada, ni du surréalisme. Peu lui chaut l'esprit d'équipe ou d'école : il fera modernité à part. Peu à peu, il quitte les milieux parisiens. Surtout, pendant cinq ans, il abandonne l'écriture pour se jeter *à corps perdu* (l'expression est de lui) dans le cinéma. L'expérience, nous le verrons, sera malheureuse.

C'est avec *L'Or* que le cinéaste fait son grand retour à la littérature. La métamorphose est violente : le poète pour quelques-uns se change en romancier pour tous. Car s'il entre chez Grasset, une grande maison d'édition, c'est qu'il entend bien changer de public. Et gagner enfin sa vie avec sa plume. Le changement est radical à tous points de vue. *L'Or* est la première de ses publications à ne présenter ni recherche typographique, ni collaboration de peintre. Jusqu'alors, Cendrars n'avait publié que des plaquettes et l'inclassable *Prose du Transsibérien* (1913), un dépliant de deux mètres de haut, qui demeure un des grands livres expérimentaux du siècle, mais en si peu d'exemplaires que bien peu l'avaient (et l'ont) vu. Mais de livre aussi nu, aucun.

Le succès suivra, plus vif d'abord auprès de la critique, ravie d'être décontenancée, que du public. Assez toutefois pour confirmer Cendrars, s'il le fallait, dans sa voie nouvelle de prosateur.

Et cependant, s'il marque un tournant, *L'Or* n'est pas représentatif de la prose qu'il inaugure. Tout au contraire, c'est un roman atypique, seul de son espèce dans l'œuvre (*Rhum* le confirmera, en 1930, par une caricature involontaire). Ce n'est pas que la volonté d'exploiter plus durablement cette formule de roman ait manqué à Cendrars, mais, malgré diverses tentatives, il n'y parviendra pas. En dépit d'une trompeuse étiquette commune, *Moravagine* (1926) ou les deux volumes de *Dan Yack* (1929) sont des romans qui relèvent, en effet, d'une tout autre poétique. La sortie de *Moravagine,* un an après *L'Or*, troubla plus d'un critique : on admettait mal que ces deux livres soient du même auteur. C'est qu'il n'y a pas de roman à la Cendrars, comme il y a un roman à la Mauriac, à la Morand ou à la Malraux. A cet égard, le privilège de *L'Or* auprès du public donne une image trompeuse d'une œuvre remarquablement irrégulière, et qui ne se laisse guère déduire de « la merveilleuse histoire du général Johann August Suter ».

Mais la diversité, après tout, ne fait-elle pas la richesse d'une œuvre ? A condition, toutefois, de ne pas en fausser la perspective, et de ne pas masquer l'expérience qui la fonde, l'oriente et s'y joue. Un arbre peut parfois cacher la forêt. Il se trouve que l'aventure de Suter, et l'identification de l'écrivain à son héros sous couvert de légende, ont souvent escamoté le reste – autrement dit l'essentiel : l'expérience des limites, qui fait la grandeur de l'œuvre de Cendrars.

L'Or a mis en circulation un Cendrars édulcoré, rassurant, trop bien fait pour la jeunesse. A lire ce preste roman, difficile d'imaginer que les références qui hantent son auteur, et avec lesquelles il ne cesse de dialoguer, c'est Gourmont (l'hommebibliothèque dont il a fait son « maître » et qu'il affirme avoir cité dans tous ses livres), Dostoïevski (il relit *L'Idiot* chaque année), les mystiques ou les poètes affrontés à l'impossible : Lautréamont, qu'il redécouvre avant les surréalistes (il publie *Les Chants de Maldoror* à La Sirène dès 1920), Rimbaud, l'autre poète amputé, et, surtout, Gérard de Nerval, dans lequel il a vu son double, ou plutôt : sa *figure antérieure*.

C'est pourquoi *L'Or* fait l'objet aujourd'hui d'une réception paradoxale. Le public (qui le lit volontiers) et la critique (qui le commente peu) se séparent à son sujet. Le renouveau de la critique cendrarsienne, au cours des années 80, s'est fait sans ce roman, et parfois même contre lui. La raison en est double. En premier lieu, le succès de *L'Or* déformait, de fait, la perception d'une œuvre dont, malgré les apparences, il n'est pas caractéristique. Il a paru accréditer une problématique décevante de l'affabulation et de la mythomanie, qui tendait à faire de Cendrars moins un écrivain qu'un reporter de l'aventure vécue. Mais, à l'inverse, reconnaître enfin l'expérience qu'est l'écriture chez lui, interroger l'exigence mythique qui la fonde en secret, sous les masques, c'était, inévitablement, délaisser *L'Or* pour des textes plus ambitieux : *L'Eubage* (1926), *Dan Yack* (1929) ou *Le Lotissement du ciel* (1949). L'aventurier ou le voyageur ont cédé, peu à peu, la place à d'autres portraits de l'artiste : l'eubage, ce druide gaulois chargé de la divination, auquel il s'identifie en 1917, ou le rhapsode, à partir des Mémoires. Et les légendes ont cessé de cacher le mythe : celui d'Orion, surtout, que Cendrars a réinventé :

« Ma main coupée brille au ciel dans la constellation d'Orion » (*ACM*, p. 111).

Si l'on considère, par ailleurs, la trajectoire d'ensemble de l'œuvre, *L'Or* a peut-être joué un rôle de diversion. La tentation d'un succès immédiat a refoulé, pour une longue période, une recherche plus essentielle aux yeux de Cendrars, mais qui demandait une longue patience, du retrait et de l'occultation. Comme s'il s'écartait, en quelque sorte, de lui-même, pour se fourvoyer dans une formule, dont il a souligné lui-même l'opportunisme. Son grand projet à l'époque, c'était, en effet, *Moravagine,* qu'il n'arrivait pas à achever depuis près de dix ans :

« J'avais apporté *L'Or* à Brun directeur chez Grasset pour lui faire prendre patience et lui soutirer une nouvelle avance. J'avais écrit *L'Or* en six semaines tellement j'étais impatient de repartir au Brésil perdre mon temps » (*M*, p. 440).

Maintenant que Cendrars a pris, aux yeux de tous, la place et la stature qui sont les siennes, il est peut-être temps de relire, plus sereinement, un roman à la célébrité embarrassante. Lire *L'Or* à la lumière des bouleversements critiques intervenus, c'est d'abord découvrir que ce roman réputé linéaire est beaucoup moins lisse qu'il n'y paraît, plus rusé, plus contradictoire. C'est dans son ambiguïté, et même sa duplicité, qu'on se propose d'en reprendre ici l'examen, en se donnant quelques règles de lecture.

Il est indispensable, tout d'abord, que cette lecture s'ouvre et ouvre sur le reste de l'œuvre. Enfermer Cendrars dans *L'Or* ne sert finalement ni *L'Or*, ni Cendrars. Sans négliger une analyse autonome du roman, ne coupons surtout pas celui-ci de son intertexte. Malgré son apparition inopinée, ce n'est pas une météorite, pas plus qu'il ne propose un échantillon typique – un microcosme – de l'œuvre. Ne lire que *L'Or*, c'est manquer Cendrars. Plus que d'autres de ses livres, sans doute, celui-ci exige d'être saisi dans une perspective d'ensemble. Une lecture close sur l'aventure de Suter risquerait, en effet, de faire méconnaître ce que l'écriture, sous le masque des légendes, a été pour Cendrars : une expérience des limites.

L'Or offre, en revanche, un remarquable observatoire sur les tensions et les tentations qui travaillent l'écriture de Cendrars : l'influence contradictoire du cinéma, le débat de la légende et du mythe, l'ambivalence de Cendrars à l'égard du roman, en général, et de ce roman, en particulier. S'il se montre fier de son succès international et de son influence (sur Staline, notamment !), c'est, pour ainsi dire, du dehors, comme s'il avait bénéficié d'un heureux coup du sort, qui n'engage pas l'essentiel. Solitude de *L'Or* une fois de plus. Au contraire de *Moravagine,* Cendrars n'a pas jugé utile de l'accompagner d'un « Pro domo » pour préciser comment il l'avait écrit ou le compléter d'une postface. Jamais non plus il ne le désigne d'un signe électif, comme il fait avec *Dan Yack*, celui de ses romans qu'il préfère. Il lui arrive de se présenter comme l'auteur du *Transsibérien*, de *Moravagine* ou de *L'Homme foudroyé*. Jamais vraiment comme celui de *L'Or*.

L'Or est fait, indissolublement, d'un roman opportuniste et d'un roman initiatique. Cette ambivalence inquiétante fait son intérêt et marque aussi ses limites. Il est le théâtre d'un écartèlement du désir, qui trouve sa métaphore dans l'or lui-même. Avec une véhémence de prophète, Suter le frappe de malédiction, et pourtant, sous l'anathème, il rêve de le changer en or juste, en or épuré : « l'or de Dieu » (*O*, p. 165). Il en va de même pour Cendrars quand il écrit, à la hâte, son roman. Avec *L'Or*, il nourrit, tour à tour, un rêve d'affaires, qui cherche en Hollywood son Eldorado, et un rêve d'alchimie, secrètement lié à sa blessure.

Le métal, comme le roman qui lui doit son titre, sont à l'image de Janus, « le Dieu à double face, l'homme masqué », dans lequel Cendrars voit l'emblème de l'homme brésilien, l'homme nouveau (*TT*, p. 182). Maléfique pour tous ceux qui le touchent s'il déclenche leur convoitise, l'or – *L'Or* – témoigne cependant, jusque dans ses contradictions, de la plus folle des ambitions :

« Il est, au portail de l'église Saint-Martin, une pierre où se cache la formule de l'or. L'a-t-on déchiffrée ? La formule de la pierre philosophale est la formule de la poésie [1] ».

---

1. *Les Nouvelles littéraires*, 27 septembre 1951. *DN*, p. 124.

II — PORTRAIT DE L'ARTISTE EN CHERCHEUR D'OR

« J'ai lu avec le plus grand intérêt le petit livre. Quel grand destin a été celui de votre grand-père ! Un homme ruiné par la découverte de l'or ! Magnifique ! Magnifique ! Magnifique ! » (*IS*, p. 265). Ces lignes enthousiastes, c'est Frédéric Sauser, un jeune écrivain suisse installé depuis peu à Paris, qui les adresse, en allemand, à un sculpteur de ses amis. Auguste Suter vient, en effet, de lui adresser une brochure sur un de leurs compatriotes, un aventurier qui eut son heure de gloire, l'autre siècle, pour avoir conquis la Californie aux États-Unis. Il n'y a guère qu'une trentaine d'années qu'il est mort et pourtant, en ce mois d'août 1912, le souvenir de ce général Johann August Suter est bien estompé dans ses deux patries successives.

Sur la foi de l'homonymie, Sauser s'est d'ailleurs persuadé qu'il s'agit d'un ascendant de son ami. Certes leur nom est banal en Suisse, où l'on ne compte pas les Suter, Sutter ou Soutter, mais ne sont-ils pas tous les deux d'origine bâloise ? Les Suisses émigrent beaucoup dans ces années-là. Comment les arbres généalogiques n'y mêleraient-ils pas un peu leurs branches ? Mais, après tout, si les preuves de cette parenté feront toujours défaut, qu'importe : l'admiration de Sauser y supplée. Entre le sculpteur et son aïeul à la mode de Californie, le jeune écrivain perçoit plus d'une affinité. L'un et l'autre sont nés pour les plus grandes tâches, et Auguste Suter sera, il en est sûr, un nouveau Rodin. Quant à cette rencontre de l'histoire et de l'amitié, comment n'y verrait-il pas un signe ? Depuis deux, trois ans, s'il essaie sa plume sur les traces des derniers symbolistes, il n'a encore rien publié. Il cherche sa voie. Il se cherche. Et cette vie hors des normes le fascine.

L'histoire merveilleuse qui fait rêver Freddy Sauser, c'est Blaise Cendrars qui va l'écrire, mais douze ans plus tard. Entre-temps, la vie du jeune enthousiaste aura été plusieurs fois bouleversée. Il a définitivement quitté sa Suisse natale. Et pour signer *Les Pâques*, un poème écrit en une nuit (celle de Pâques 1912), et qu'il considère comme son « premier » poème, il a pris à New York un pseudonyme dont il s'est vite fait un nom à Paris parmi les jeunes poètes. Engagé volontaire dans l'armée française en 1914, il est revenu de la guerre sans son bras droit, ce qui lui a valu une médaille militaire et une prothèse, qu'il ne porte ni l'une ni l'autre, et la nationalité française. Après une période de désarroi et une crise qui marque un tournant dans sa vie, il abandonne les milieux littéraires parisiens, prend congé de la poésie pour se tourner vers le cinéma comme figurant dans le premier *J'accuse* d'Abel Gance (1918), homme à tout faire de celui-ci pour *La Roue* (1923), théoricien, scénariste et enfin réalisateur dans les studios de Rome (*NF*, p. 30-45). Ce n'est qu'à la fin de 1924, au retour d'un premier voyage au Brésil, qu'il reprend, à l'improviste, un projet abandonné depuis longtemps. Dans la hâte, il écrit alors la « merveilleuse histoire du général Johann August Suter ». Douze ans d'incubation pour quarante jours d'écriture : la genèse de *L'Or* est une des plus singulières qui soient.

UNE MÉTÉORITE AU LONG COURS

L'Or est né d'une hantise au long cours, longtemps velléitaire, et qui, brusquement, s'est cristallisée. Tout prépare ce surgissement et cependant rien ne l'annonce. Ce passage à l'acte après une longue période d'incubation est loin d'être unique chez Cendrars. Il y voit lui-même une des règles (ou des contraintes) les plus constantes de sa création, et il estime à dix années l'intervalle qui sépare l'événement (mais *lequel* au juste ?) de son écriture. Ce délai est parfois largement outrepassé. *La Main coupée*, qu'il annonce et entreprend effectivement dès 1917, ne paraîtra qu'en 1946. Trente ans sous presses ! Mais le livre aura subi entretemps bien des métamorphoses... Et c'est dès 1912 qu'il songe à *Moravagine*, qui le hantera pendant de longues années, mais ne sortira des presses qu'en 1926, avant d'être repris à nouveau et complété en 1956. Ce qui constitue pourtant la marque distinctive de *L'Or*, c'est l'explosion, pour ne pas dire le rush, qui signe son retour.

Tout porte à croire, en effet, que le projet était tombé en désuétude. Avait-il jamais dépassé le stade de la rêverie ? Alors que Sauser, puis Cendrars évoquent à maintes reprises, nous allons le voir, l'histoire du général Suter, aucune trace d'un *avant-Or*, d'un *Ur-Or* n'est parvenue jusqu'à nous. Ce livre déroge, de surcroît, à plusieurs des rites de son auteur. Non seulement il n'a donné lieu à aucune prépublication en revue (au contraire de *Moravagine* ou *Dan Yack*), mais – fait rarissime – il n'est jamais annoncé en page de garde avant sa parution. Or les pages de garde de Cendrars sont de véritables viviers de l'œuvre, où les livres à venir font l'objet de... trois rubriques : « Sous presses », « En préparation », « Sur le chantier ». L'absence de *L'Or* est d'autant plus éloquente que, dans ces annonces plus que complètes, les livres fantômes abondent. Que Cendrars ne pensait plus à Suter au début de 1924, un poème écrit en mer le confirme.

Sur le *Formose* qui l'emporte, en février, vers le Brésil, il commence ses *Feuilles de route*, dont il ne sait pas encore qu'il en fera son dernier recueil de poèmes. L'un d'eux, « Bagage », fait l'inventaire de sa malle et des nombreux manuscrits qu'il se propose d'achever ou d'entreprendre au cours du voyage : pas un mot sur *L'Or* [1]. Pourtant, peu de temps après son retour en France, en septembre, il s'enferme dans sa « maison des champs » dans le village du Tremblay-sur-Mauldre, non loin de Versailles, et c'est là, du 24 novembre au 31 décembre, qu'il revient enfin à Suter pour écrire sa « merveilleuse histoire ».

1. *Au cœur du monde*, Poésie Gallimard, p. 32-33.

"L'ÉCRITURE EST UN INCENDIE"

C'est au Brésil, dira Cendrars bien plus tard, qu'il a fait son « apprentissage » de romancier (*LC*, p. 442). Même si la chronologie semble approximative (puisque *Moravagine* est entrepris depuis 1917), il tient visiblement à cet enchaînement d'un voyage et d'un changement d'écriture, qu'il revendique à plusieurs reprises. La Californie de Suter, c'est donc au Brésil qu'il l'a retrouvée, et c'est sous l'autre tropique, celui du Capricorne, qu'il a pris la fièvre de *L'Or*. Mais *comment* l'a-t-il prise ? Quel a été l'agent de la contagion, le déclic ? Après tant d'années de ruminations velléitaires, comment comprendre la résurgence du projet ? Le passage à l'acte est toujours une énigme, et Cendrars en joue volontiers auprès du lecteur. Ainsi, en 1943, lorsque, après un silence de trois ans, il revient à sa machine à écrire, il place en tête de *L'Homme foudroyé* cet avertissement sibyllin :

« L'écriture est un incendie qui embrase un grand remue-ménage d'idées et qui fait flamboyer des associations d'images avant de les réduire en braises crépitantes et en cendres retombantes. Mais si la flamme déclenche l'alerte, la spontanéité du feu reste mystérieuse » (*HF*, p. 13).

En 1924, la « spontanéité du feu » n'est pas moins mystérieuse. Dans le « grand remue-ménage » qui suit le retour de Cendrars en Europe, ce sont douze années de désirs qui s'embrasent à l'étincelle brésilienne, douze années de lectures, de projets retardés, de souvenirs. Et peut-être plus.

Quand Cendrars a-t-il rencontré, pour la toute première fois, l'histoire du général Suter ? Malgré les apparences, la lettre d'août 1912 à Auguste Suter ne marque sans doute pas l'origine de cette passion, mais déjà son retour... Ne brûlons pas pour autant les étapes d'une histoire décidément intermittente et accidentée. De quelles pièces disposons-nous pour ce retour amont ? Si la genèse immédiate du roman en 1924 se dérobe, les étapes de son cheminement sont mieux connues grâce aux indications du paratexte, mot par lequel, depuis Genette, on désigne les entours ou les seuils du texte : préfaces, interviews, entretiens, correspondances, allusions dans d'autres textes du même auteur[1]... Le projet de *L'Or* est balisé avec soin par son paratexte immédiat, qui comporte une dédicace, deux citations en exergue et, surtout, une datation complexe à la fin du dernier chapitre. Ces indications, cependant, il serait imprudent de les prendre au pied de la lettre. C'est que leur nature est double : ce sont à la fois des informations et des figures. Les premières renseignent sur le texte, tandis que les secondes concourent à son symbolisme. C'est là un difficile cumul de mandats, qui ne va pas sans dérapages. Sans qu'il faille les rejeter pour autant dans l'affabulation, les notations paratextuelles demandent chez Cendrars une lecture sur le qui-vive.

Parfois un simple déchiffrement suffit. Encore faut-il avoir la bonne fortune d'en découvrir la grille. Ainsi de l'énigmatique

---

1. Gérard Genette, *Seuils*, éd. du Seuil, 1987.

Madame Wœhringen à laquelle *L'Or* est dédié (*O*, p. 7), et dont on chercherait sans espoir la trace dans les salons littéraires de l'avant-guerre. Les souvenirs d'Auguste Suter, que nous évoquerons plus loin, permettent de supposer qu'il s'agit en fait de Madame Jaennichen-Woermann, qui, en effet, tenait salon à Sceaux. Un soir de 1914, Cendrars lut chez elle la *Prose du Transsibérien*. Elle en envoya le texte à Rainer Maria Rilke, dont elle était l'amie. C'est la poésie d'un chanteur des rues (*Bänkelsänger*) de génie, estima Rilke, ce qui parut mièvre à Suter.

La situation des deux épigraphes est, en apparence, plus simple (p. 9). Cendrars met en exergue de *L'Or* deux citations prises dans ses propres livres. C'est ainsi, du moins, que le lecteur les reçoit puisque Cendrars les signe toutes les deux en les référant avec précision. La première d'entre elles est effectivement empruntée au troisième de ses grands poèmes, *Le Panama ou les aventures de mes sept oncles*, qui s'il n'est paru qu'en 1918, a bien été achevé en 1914 :

SAN FRANCISCO
C'EST LÀ QUE TU LISAIS L'HISTOIRE DU GÉNÉRAL SUTER QUI A CONQUIS LA CALIFORNIE AUX ÉTATS-UNIS
ET QUI, MILLIARDAIRE, A ÉTÉ RUINÉ PAR LA DÉCOUVERTE DE MINES D'OR SUR SES TERRES
TU AS LONGTEMPS CHASSÉ DANS LA VALLÉE DU SACRAMENTO OÙ J'AI TRAVAILLÉ AU DÉFRICHEMENT DU SOL.

C'est au deuxième de ses oncles que s'adresse le narrateur, celui qui se fit

« chercheur d'or à Alaska » et qui, pour avoir « marié la femme qui fait le meilleur pain du district », fut trouvé « la tête trouée d'un coup de carabine » (*DME*, p. 51). En revanche, la seconde citation, qui renvoie à *Pro Domo ; 1918*, est un véritable rébus :

UNE AUTRE HISTOIRE EST CELLE DES 900 MILLIONS CITÉE DANS LE « PANAMA » AINSI QUE L'HISTOIRE DU GÉNÉRAL SUTER QUE J'ÉCRIRAI UN JOUR OU QUE JE REPRENDRAI ICI, PLUS TARD, SI JE NE LA PUBLIE AUPARAVANT.

A la parution de *L'Or*, Cendrars n'a publié *aucun* texte sous le titre de *Pro Domo*, qui ne prendra place dans sa bibliographie que beaucoup plus tard, et par deux fois, pour désigner les textes où il relate l'histoire de *La Fin du monde filmée par l'Ange N.-D.* (1949) et, surtout, celle de *Moravagine* (1956). Citer un texte inédit sur le même plan qu'un texte publié – et sans rien qui le signale au lecteur – est déjà d'un geste étrange. Mais une surprise encore plus forte attend l'enquêteur : si la phrase mise en exergue de *L'Or* apparaît bien, en effet, dans le « Pro Domo » de *Moravagine*, c'est *sans* la référence à l'histoire du général Suter (*M*, p. 431). Dans quels sables s'est-elle égarée en cours de route ? Cette citation anticipée d'un original introuvable n'est pas sans parenté avec l'illustre *couteau sans lame auquel manque le manche* de Lichtenberg...

Ce dispositif retors sert-il de piège aux lecteurs pressés ? De fait, certains comptes rendus d'époque évoqueront, avec la foi du vrai croyant, l'auteur de *Pro Domo*... Mais, humour à part, l'enjeu est sans doute plus fondamental. Dans ce roman de la rupture, il touche à la question même de l'origine de l'écriture. Car si, d'un côté, placer *L'Or* sous le patronage de son propre intertexte tend à enfermer l'écriture de Cendrars dans un échange sans dettes avec elle-même, de l'autre, ce dialogue reste définitivement lacunaire : entre présence et absence, la citation à vide – comme un chaînon manquant – met le lecteur au défi de dire quelle est, au juste, la genèse du texte. Cette enseigne provocante, qui affiche l'origine pour mieux la dérober, met peut-être en garde contre une approche trop linéaire ou trop documentaire du roman. Avis aux chasseurs de sources ! C'est un contrat de vigilance que le lecteur se voit, discrètement, proposer. Les secrets d'un roman restent toujours... pro domo. D'ailleurs, la datation elle-même réserve quelques autres surprises.

L'AUTRE SUTER

L'Or se termine sur une quintuple datation en grappe :
Paris, 1910-1922.
Paris, 1910-1911.
Paris, 1914.
Paris, 1917.
Le Tremblay-sur-Mauldre,
du 22 novembre 1924
au 31 décembre 1924 (*O*, p. 169).

La première de ces dates, absente de l'édition originale en 1925, n'a été ajoutée que dans la révision de 1947. Curieusement redondante et englobante, elle place sous sa juridiction les trois rubriques suivantes, qui apparaissent comme ses étapes. Avec celles-ci, elle s'oppose à la dernière datation, qui échappe à son champ. Cendrars délimite ainsi deux phases nettement distinctes dans l'histoire de son livre : l'incubation (lente et imprécise) et le passage à l'acte (rapide et daté avec soin). Mais, surtout, la première ligne ajoutée en 1947 interdit désormais de percevoir la genèse du roman comme une continuité : mettant hors jeu la période 1922-1924, elle suggère, par l'implicite, que le projet disparaît alors des préoccupations de l'écrivain. Ellipse éloquente, qui incite le lecteur à interroger et cette coupure et le retour de flamme.

« 1910-1911, Paris » marque l'origine du projet. Cette période, qui est celle du premier séjour de Freddy Sauser à Paris, rappelle, vraisemblablement, le rôle qu'a tenu Auguste Suter auprès de son ami dans sa découverte enthousiaste du général. Ou, plus exactement peut-être, dans sa redécouverte, puisque les témoignages concordants de Cendrars et de son frère aîné, Georges Sauser-Hall, font état d'une lecture précoce des exploits du général dans une édition du *Messager boiteux*, une publication populaire [1]. Mais Cendrars écarte ce souvenir d'enfance de l'histoire visible de son livre, sans doute parce que la médiation de son ami sculpteur a été décisive.

L'amitié de l'écrivain et du sculpteur est une des plus fortes, des plus constantes et des plus mal connues qui soient [2]. C'est peu dire que l'œuvre d'Auguste Suter

1. Voir Dossier, p. 142-143, 158.

2. Voir le précieux *Blaise Cendrars* de Miriam Cendrars, auquel nous renverrons souvent, éd. du Seuil, « Points », 1985, p. 97-98, 276-277.

(1887-1965) est méconnue en France, où il s'installa pourtant dès 1910 et fut l'élève de Rodin à Meudon. Elle est carrément ignorée, puisque aucune de ses sculptures, bizarrement, n'est entrée dans une collection publique. Quand les deux amis se sont-ils rencontrés ? On estime en général que c'est, justement, en 1910. Il n'en est rien. Dans les précieux souvenirs qu'il a confiés sur le tard, en 1964, à un quotidien bâlois, Suter a révélé que sa première rencontre avec celui qu'il appelle « Fred » remonte à 1898-1899, au gymnase de Bâle [1]. Brève camaraderie, puisque le futur Blaise, qui séchait les cours pour aller au cirque, fut renvoyé dès la fin de l'année...

Quelques années plus tard, ils se sont retrouvés par hasard à Bâle, puis à Berne. Fred revenait d'un long séjour en Russie, où son père l'avait envoyé faire un apprentissage d'apprenti bijoutier, qui n'aura pas de suite. A l'université de Berne, il suit des cours de médecine, puis de lettres et de musique. L'idée le prend de commencer une thèse sur Baudelaire, mais, puisque son professeur s'y oppose, il décide de partir pour Paris. Le hasard, une nouvelle fois, va réunir les deux camarades. Leur amitié commence au Louvre, début 1911, devant un tableau de Constable, et elle devait durer jusqu'à la mort de Cendrars.

A cette époque, Suter a son atelier rue d'Arcueil et c'est là qu'il entreprend un buste de son ami. Un jour d'humeur maussade, celui-ci juge l'œuvre peu à son goût. Le sculpteur, furieux, la détruit sur-le-champ et c'est par miracle qu'on

---

1. *Basellandschäfler*, 13 et 14 mai 1964. Nous devons ces renseignements à l'obligeance de M. Claude Suter, le fils du sculpteur.

en conserve la photographie que nous reproduisons. Des débuts de cette amitié, demeurent une quarantaine de lettres de Sauser-Cendrars, écrites d'abord en allemand, puis en français. Révélées par les *Inédits secrets* que publie Miriam Cendrars en 1969, elles témoignent d'une admiration très passionnée (le tutoiement entre eux sera tardif). Visiblement fasciné par son nouvel ami, le jeune écrivain n'hésite pas à comparer son génie à Rodin et... à Prométhée [1]. Dans l'engouement de Freddy pour le général californien, le sculpteur est bien plus qu'un intermédiaire : c'est un véritable intercesseur. Pour le futur Cendrars qui déjà n'aime rien tant que brouiller et rebrasser les époques, les lieux et les identités, Auguste Suter apparaît comme le double au présent de Johann August Suter, avec lequel il partage une grandeur épique et jusqu'à son prénom. Et si Cendrars s'obstine pendant longtemps, sans la moindre preuve, à les apparenter, c'est que son admiration les identifie.

En septembre 1915, trois semaines avant sa blessure, c'est à lui qu'il confie du front : « Il n'y a plus que des choses comme les aventures du général Suter qui m'intéressent encore et non pas sa vie, mais les sursauts intimes de sa conscience. » Après l'amputation, en avril 1916, il l'interroge encore sur son « grand-oncle » : « Possédez-vous des papiers le concernant et y a-t-il quelque chose d'inédit à la Bibliothèque de Bâle ? » La réponse le décevra [2]. En 1925, quand *L'Or* paraît enfin, la fascination de l'écrivain pour le sculpteur n'est plus si intimidante.

1. Voir Dossier, p. 144.

2. Voir Dossier, p. 145.

« Trois jours après, le canon tonne, les cloches sonnent, toute la population du Havre est sur les quais : L'*Espérance,* pyroscaphe à aubes et à voilures carrées sort fièrement du port et double l'estacade. Premier voyage, New York. »
Extrait du film : *Der Kaiser von Kalifornien.* Mise en scène de Trenker, 1936. Ph © Deutsche Institute für Filmkünde, Francfort.

L'ambivalence a cédé la place à une amitié complice : « Voici le portrait de ton grand-oncle », écrit Cendrars sur l'exemplaire qu'il envoie à celui qui fut pour lui le premier modèle du général.

Si la seconde datation, « Paris, 1914 », fait écho à la citation du *Panama* et semble en tirer sa justification, la troisième, « Paris, 1917 », est plus ambiguë. C'est cette année-là, selon un souvenir de son vieil ami t'Serstevens, que Cendrars déniche, dans une boîte des quais, un fascicule du *Tour du Monde* (1862) qui comporte un extrait du *Voyage en Californie* de Simonin, réalisé par celui-ci en 1859 [1]. Si la personnalité d'Auguste Suter a servi à cristalliser, aux yeux de Cendrars, la figure du général, c'est la lecture de Simonin qui relance son projet. Mais 1917 est aussi, et surtout, une année clef dans la vie de Cendrars. L'inscription de cette date, comme souvent chez lui, est surdéterminée : elle vient placer *L'Or* sous le signe secret d'une révélation à laquelle nous arriverons bientôt.

Quant à la date de 1922, qui clôt la préhistoire « parisienne » du roman, peut-être renvoie-t-elle à une interview que Cendrars accorde cette année-là et dans laquelle il compte « les voyages et la vie du général Suter » au rang de ce qui l'intéresse le plus aujourd'hui [2]. Mais c'est parmi ses lectures qu'il les range : l'écriture ne semble plus être à l'ordre du jour. L'essentiel pour lui est désormais ailleurs : il fait du cinéma.

1. Voir Dossier, p. 147-148.

2. Voir Dossier, p. 151-152.

LA CRISE DE 1923

L'inventaire du « Bagage » que Cendrars emporte avec lui sur le *Formose* est trompeur. S'il impressionne par sa boulimie, c'est qu'il rassemble tous les projets que Cendrars laisse en friche depuis longtemps. Voici près de cinq ans, en effet, qu'il n'écrit plus. Depuis *J'ai tué,* une mince plaquette, en 1918, il a quitté la littérature pour le cinéma. Au Havre, après les plus grands espoirs, c'est un cinéaste déçu qui s'embarque. Depuis la fin de 1923, prenant la mesure de son échec, Cendrars est un créateur en plein désarroi, qui repart de zéro.

Et pourtant que de films dans les livres de Cendrars ! Il y a les films qu'il dit avoir réalisés, puis perdus ou détruits, mais que personne n'a vus, comme cette *Vénus noire* tournée dans les studios de Rome en 1921 et qui semble l'avoir convaincu qu'il n'était pas fait pour la réalisation. Qui devrait, du moins. Car il y a les films à faire, auxquels il rêve et revient sans relâche, malgré les rebuffades du réel, à la manière de Gribouille qui se précipite dans l'eau pour éviter la pluie. Au bout du compte, tout un cinéma de papier... Le cinéma aura été la grande passion de Cendrars, mais une passion malheureuse. Ce qui l'attire tant dans le destin de Suter, n'est-ce pas la *nécessité* de son échec ? Lorsqu'il y revient, en 1924, c'est peut-être parce que cet échec-là lui parle *aussi* de son fiasco grandiose au cinéma.

Tout commence en octobre 1917. C'est à cette date, en effet, que Cendrars déclenche, dans *L'Homme foudroyé,* le

« comput » de sa vie d'homme (*HF*, p. 199). Comme ce mot, emprunté au vocabulaire chrétien, le suggère, l'autobiographie touche ici au mythe pour désigner l'expérience la plus secrète de Cendrars, un bouleversement de sa vie et de son œuvre, qu'il évoque souvent dans ses textes, mais toujours par l'oblique et par chiffres, sans jamais en révéler la nature. En 1917, donc, il vient d'avoir trente ans – et il renaît. Pour son anniversaire, le 1er septembre, il vient de vivre sa « plus belle nuit d'écriture » à jeter, d'une traite, sur le papier *La Fin du monde filmée par l'Ange N.-D.* (*OC*, II, p. 9-50). Cette nuit-là, enfin, un Cendrars a chassé l'autre.

Lorsque, le 28 septembre 1915, Cendrars est fauché par la mitraille allemande devant la ferme Navarin, pendant la grande offensive de Champagne, c'est tout un monde, son monde, qu'on arrache avec sa main droite. Que découvre-t-il dans un délire de lucidité, qui le conduit au bord de la folie ? Qu'il ne s'est engagé dans l'armée française, lui le Suisse, qu'il n'a pris les armes, lui le poète, que pour aller enfin jusqu'au bout de son désir de poésie. Un désir inavouable. Lorsqu'il évoque les légionnaires au front, c'est pour dresser un parallèle inquiétant et démasqueur :

« C'étaient des hommes de métier. Et le métier d'homme de guerre est une chose aussi abominable et pleine de cicatrices que la poésie » (*MC*, p. 159).

Pour l'apprendre, il a dû payer le prix fort : celui du sang. Mais désormais il n'est plus dupe de celui qu'il a été. Dans toute l'œuvre de sa main droite, ou, pour mieux dire, dans *toute sa vie de la main droite,* un imaginaire de violence et de mort emporte l'écriture, dont la logique, travestie en combats d'avant-garde et en batailles pour la modernité, ne se connaîtra pleinement que devant la ferme Navarin lorsqu'au bout du périple Cendrars affrontera l'irréversible, avec la conscience d'un châtiment mérité.

ORION MANCHOT

Cendrars a vécu sa blessure, non comme une horreur fortuite, mais comme une échéance et le choc en retour d'une violence, dont il avait lui-même déclenché le cycle, une première fois en juin 1907 lorsqu'il apprend qu'Hélène, une jeune fille russe rencontrée à Saint-Pétersbourg, s'est brûlée vive parce qu'il répondait mal à son amour. Il s'en persuade, du moins, et, quarante ans après, il tente encore d'apaiser le souvenir de la morte dans la figure de la petite Elena de « Gênes » (*B*, p. 111-307). Car la défaillance de l'amant s'est redoublée, entre-temps, d'une faute d'écriture. Vers 1910, Freddy Sauser avait sciemment attisé cette culpabilité pour s'en faire, à la Rimbaud, un instrument de connaissance poétique. Puis, en 1912, il s'était inventé un pseudonyme qui tient du parricide, mais aussi du foyer et de l'urne où *Blaise Cendrars,* pour écrire, ne cesse plus de rebrûler sa morte. Aveuglante vérité : si sa main droite a été coupée, c'est qu'elle était *coupable.*

Entre 1916 et 1917, de dérive en dérive, Cendrars vit une « année terrible », avec des idées de meurtres et de suicide. Puis, en juin 1917, saisissant une invitation d'amis, il quitte Paris comme on s'enfuit, en désespéré. Le voici à Méréville, au sud d'Étampes, au fin fond de l'ancienne Seine-et-Oise, pour neuf semaines où, brusquement, tout bascule et qui sont peut-être les plus importantes de sa vie d'écrivain [1].

1. Sur le séjour à Méréville, voir notre « Orion manchot », *La Nouvelle Revue française*, février 1988.

Au cours d'une nuit initiatique, il dépouille son identité d'homme droit, coupable, condamné et puni, et engage un voyage vers la gauche de son corps, qui va lui permettre de *se refaire*. La blessure qui l'a foudroyé, voilà qu'elle lui donne la chance d'une seconde naissance. Ce surgissement de l'homme gauche, avec ses valeurs nouvelles, avec ses tâches messianiques, c'est lui que célèbrent *L'Eubage, Partir* ou *L'Homme foudroyé*. C'est lui qui refonde le mythe d'Orion, qui désormais va orienter l'imaginaire de l'écrivain manchot. Et c'est lui qui le pousse vers le cinéma, un art révolutionnaire où l'eubage va pouvoir – il en est sûr – transposer sa propre révolution et, de sa blessure, faire œuvre pour tous. Débarrassée de l'imaginaire guerrier de l'avant-garde, une autre modernité va pouvoir s'y mettre au point. *L'A.B.C. du cinéma,* qu'il rédige à cette époque-là, est plus qu'un manifeste : c'est une sorte d'Évangile, annonçant des temps nouveaux à sa propre image (*A*, p. 161-166).

Son échec au cinéma n'affecte donc pas seulement le créateur en Cendrars, mais aussi, en secret, l'initié de Méréville. C'est une faillite personnelle, à la mesure de ses ambitions cosmogoniques, et il n'en prendra jamais tout à fait son parti [1]. De temps à autre, et surtout quand on ne l'attend pas, le démon du cinéma viendra le relancer. Mais, en cette fin 1923, Cendrars est contraint de le reconnaître : la révélation de 1917 attend toujours sa révolution. Il faut repartir de zéro.

1. Sur les relations de Cendrars avec le cinéma, voir l'opinion très nuancée d'Abel-Gance dans le Dossier, p. 143.

PASSAGE DE LA LIGNE

Le départ est toujours une promesse de parturition. Pour rompre la spirale de l'échec, l'invitation au voyage est tombée à point nommé. Peu de temps auparavant, Cendrars a rencontré Paulo Prado, un richissime planteur de São Paulo, dévoré par la saudade, ce spleen des Brésiliens [2]. Des amis communs, des modernistes brésiliens, les ont présentés : Oswald de Andrade, le théoricien du mouvement, et Tarsila, sa femme, un peintre de grand talent qui illustrera *Feuilles de route*. L'amitié est immédiate et forte. C'est Prado, en mécène généreux, qui recevra Cendrars pendant son séjour.

2. Voir Dossier, p. 154-155.

Cendrars – oubliant la Suisse... – fera du Brésil sa seconde patrie. A lire les nombreux textes qui ont trait à celle-ci, le nombre des voyages qu'il y a fait paraît imprécis : on estime qu'il s'y est rendu trois fois, en 1924, en 1926 et en 1927-1928. Mais son œuvre semble multiplier les séjours, tellement la matière brésilienne abonde après 1924. Curieusement, cette passion a manqué de réciprocité : Cendrars est très peu traduit en portugais, et peu lu jusqu'ici. Un mouvement de redécouverte pourtant s'amorce.

Cendrars est parti pour le Brésil en rêvant littérature – et affaires. Des affaires qui, chez lui, passent volontiers par le cinéma... Peu de temps avant son départ, il songeait à adapter *Maria Chapdelaine* de Louis Hémon. Mais l'entreprise, une fois de plus, n'aboutit pas. Qu'à cela ne tienne. Un projet de film de propagande sur le Brésil voit le jour sur place, mais, à son tour, il tourne court (*TT,* p. 195-200). Et c'est contre toutes ses prévisions que Cendrars revient de São Paulo avec un désir qu'il n'emportait pas : écrire enfin l'aventure du général Suter.

III   LE RÊVE ET LA VIE

MALENTENDUS TRANSATLANTIQUES

L'Or est-il un roman ? La question peut sembler académique ou strictement formelle et pourtant, à la parution du livre, elle a été au centre des plus vives polémiques. Avant toute réflexion sur la qualité du texte ou sur sa nouveauté, elle a divisé la critique, et sur des bases qui n'avaient rien à voir avec la – bonne ou mauvaise – littérature. Pour son premier roman, Cendrars voulait une audience internationale et, surtout, il entendait s'ouvrir grâce à lui les chemins de l'Amérique. Tout s'annonce bien. Une traduction anglaise paraît, dès 1926, chez Harpers and Brothers, sous le titre *Sutter's Gold*. Et pourtant ce projet cosmopolite s'est, partiellement, retourné contre son auteur. *L'Or* a fait l'objet d'une réception contradictoire qui a pris Cendrars au dépourvu. Lancé à Paris comme un roman, *L'Or* a été reçu aux États-Unis comme une biographie. Surtout en Californie, il a été à l'origine de controverses sur un ton vif, et même de durables malentendus, puisque Cendrars, pour répliquer à ses adversaires, a été contraint de se placer sur leur terrain au risque d'y dénaturer son projet.

C'est, bien entendu, la figure de Johann August Suter qui a partagé en deux le public de *L'Or*. Dans sa recherche d'un succès international, Cendrars n'avait pas prévu qu'en traversant l'Atlantique, on ne change pas seulement de continent : il faut également réviser ses évidences. Le choix d'un personnage historique oublié pouvait paraître judicieux et même œcuménique. N'était-ce pas faire coup double ? Réhabiliter un grand pionnier méconnu tout en réaffirmant, à travers son aventure, un lien entre l'Ancien Monde et le Nouveau. Et qui mieux qu'un Français d'origine suisse était à même de comprendre, et de faire comprendre, ce qui a pu pousser un Suisse à se faire américain ? Cette solidarité d'émigrés s'est pourtant heurtée à un obstacle passionnel que Cendrars avait omis de ses calculs : l'ombrageux patriotisme californien.

En 1925, certes, Johann August Suter était négligé des deux côtés de l'Atlantique, mais cette négligence était sans commune mesure. En France, la question de la biographie ne se posait même pas. Il était évident pour tous que *L'Or* était un roman, parce que Suter était parfaitement inconnu. Sauf de ceux, bien rares, qui s'étaient pris de passion pour la ruée vers l'or et qui, par exemple, avaient lu Simonin, dans *Le Tour du Monde*. Mais la grande majorité des critiques et des lecteurs découvraient le nom de Suter pour la première fois. De surcroît, la tonalité épique de cette « merveilleuse histoire » – tout un programme ! – n'incitait pas à perquisitions érudites.

Le service de presse de Grasset dut s'employer beaucoup pour signaler que, mais si, ce général de légende a bel et bien existé et que son histoire invraisemblable est « pourtant scrupuleusement vraie [1] ». On le devine à la rhétorique unanime des comptes rendus, qui exaltent d'abord le roman d'aventure, mentionnent ensuite, presque incidemment, que son héros est un personnage historique, et s'empressent de ne pas en tenir compte pour conclure sur la troublante ressemblance qui unit l'aventurier à l'écrivain. « Un jour, on écrira : la Vie merveilleuse du général Blaise Cendrars », estime Joseph Delteil, dans la *Nouvelle Revue française* [2]. Et Raymone, la compagne d'après 1917, n'est pas en reste : « Suter pourrait écrire à son tour la merveilleuse vie de Blaise Cendrars [3] ».

Pour la critique française, au fond, la référence au véritable Suter (ou Sutter ?) était inutile, presque oiseuse. Certes le moment était propice aux vies romancées.

---

1. Voir le « Vient de paraître » diffusé à la sortie du roman, Dossier, p. 185-186.

2. Voir Dossier, p. 187-188.

3. Texte manuscrit, sans date (*BNS*).

En ce milieu des années 20, chaque grand éditeur ouvrait sa collection : Flammarion, dès 1924, avait lancé « Leurs amours ». Dès l'année suivante – celle de *L'Or* –, Plon proposait « Le roman des grandes existences », bientôt suivi par Gallimard avec ses « Vies des hommes illustres » et Grasset avec « La Vie de Bohème ». Ces diverses collections s'essouffleront au début des années 30, mais, en 1925, leur vogue – comme aujourd'hui – était ascendante. *L'Or*, de ce point de vue, venait à son heure. Seulement, cette heure, à quelle horloge fallait-il la lire ? Aucune monographie patentée n'était disponible en France pour permettre d'apprécier (ou de contester) les libertés prises par l'imagination du romancier. Et sans biographie sous la main, qui s'aviserait d'étalonner une vie romancée ? On conclut donc au roman. Tout de même, pour ne pas sembler dupe, on y décela aussi les traces d'une autobiographie indirecte. La légende de Cendrars, pendant longtemps, se nourrira de cette confusion des rôles. Mais en Californie, la situation était naturellement tout autre.

Sutter (ou Suter ?) n'était pas inconnu de ses compatriotes : il était négligé, ce qui est une autre affaire. Toutes les histoires de la conquête de l'Ouest et de la Californie mentionnaient son rôle et conservaient son nom. Un livre lui avait déjà été consacré. A Sacramento, en 1895, un certain Thomas J. Schoonover avait publié *The Life and Times of General John A. Sutter*. Mais, pour sortir le pionnier de sa gloire provinciale, somme toute, modeste et lui donner une stature historique, il aurait fallu un grand livre. Or c'est d'Europe qu'il arrivait : la leçon était dure. Et, incontestablement, il n'était pas écrit par un historien pour des historiens.

La virulence, la malveillance parfois, des polémiques que déclencha en Californie la sortie de *L'Or,* est faite de mauvaise conscience, de chauvinisme et d'incompréhension. La mauvaise conscience alimentait le chauvinisme : certes, on jugeait regrettable que les Américains aient négligé un grand ancêtre, mais de quel droit ce Français, un étranger, un aventurier, se permettait-il de toucher à l'histoire des États-Unis ? Et l'incompréhension concluait : cette histoire, en plus, il ne la respecte pas. Il en fait du roman ! Dans ses mises au point, Cendrars aura beau jeu d'en appeler aux droits du romancier, d'invoquer la tradition du roman historique, de se réclamer de Fenimore Cooper en plus d'Alexandre Dumas : l'Histoire majuscule s'objectait quand même au roman. Malgré la « Lettre ouverte » qu'il adresse à ses éditeurs américains pour expliquer, justifier son entreprise, le quiproquo ne sera pas levé [1]. Ce qui jette de l'ombre sur *L'Or* en 1926, c'est l'absence d'une (grande) biographie écrite par un historien américain. On ne brode jamais si bien que sur le déjà connu. Le livre de Cendrars, en un sens, venait trop tôt.

Ingratitude du sort... Alors qu'il rend à l'Amérique un de ses héros, voici qu'elle lui réclame des comptes ! A reprendre les pièces de cette polémique, il est clair que Cendrars est outré par tant d'injustice. Ce

1. Voir Dossier, p. 169-172.

qu'on lui fait, c'est une querelle d'Allemands, et même carrément de Suisses-Allemands – quand se mêlera au concert un J.-P. Zollinger, le troisième Suisse de l'aventure, émigré lui aussi aux États-Unis, et qui se fera le croisé du « vrai » Sutter. S'il écrit sa *Vie et aventures du colonel Sutter roi de la Nouvelle Helvétie*, qu'il publie simultanément dans les trois langues – allemand, français, anglais – en 1939, c'est pour rétablir les faits déformés par la « spéculation littéraire [1] ». Avec la plus mauvaise grâce, il doit cependant en convenir : avant Cendrars, Sut(t)er n'existait pas, et c'est bien *L'Or* qui l'a fait entrer dans l'histoire américaine. Curieux effets croisés : il a fallu un roman pour le rendre célèbre dans le monde entier. D'ailleurs, jusqu'à ce que lui, Zollinger, intervienne enfin pour restituer la vérité, tous ceux qui, après Cendrars, ont écrit sur le général, ont écrit *d'après* Cendrars. S'ils commettent les mêmes erreurs que lui, c'est qu'ils n'ont fait que le plagier. Stefan Zweig est le plus notoire d'entre eux, mais il n'est pas le seul [2]. Tous ces malheureux ont pris *L'Or* pour argent comptant...

1. Voir Dossier, p. 175-177.

2. Voir Dossier, p. 173-175.

POÉSIE ET VÉRITÉ

Ces inexactitudes, au demeurant, sont-elles si nombreuses ? Cendrars connaît l'histoire de la Californie (nous verrons tout à l'heure où il l'a apprise). Et parmi les infractions qu'on lui reproche aux États-Unis, il tient à faire le départ entre les libertés qu'on doit accorder à un romancier et une « erreur monumentale » – mais une seule –, qui contrevient aux lois de la géographie et qu'il est donc indispensable de corriger.

C'est l'affaire d'un seul verbe à changer. Mais les lecteurs de *L'Or* devront attendre l'édition revue et corrigée de 1947 pour découvrir que Suter et sa troupe ne remontent plus la vallée du Sacramento par voie de terre, mais, comme le terrain l'exige, par voie d'eau. Désormais, les trois ex-baleiniers ne « marchent » plus en tête : ils « naviguent » (*O*, p. 61).

L'édition de 1947 présente d'assez nombreuses modifications de texte. Pour l'essentiel, ce sont des déplacements d'alinéas (Cendrars les multiplie), des rectifications graphiques (Monterey remplace Monte-Rey et la Nouvelle-Helvétie prend la place de la Nouvelle Helvétie, tandis que San-Francisco perd son trait d'union) ou des retouches stylistiques : le discours de Paul Haberposch, d'abord écrit à la 2ᵉ personne du pluriel passe à la 2ᵉ personne du singulier. « Voyez-vous, mon cher » se change en « Vois-tu, mon vieux » (*O*, p. 25). Et « Maintenant, caltez... » en « Maintenant, fous le camp... » (*O*, p. 27).

Cendrars développe la chanson des jeunes filles de Rünenberg : « Wär ich ein Vöglein klein... » (Si j'étais un petit oiseau) devient : « Wenn ich ein Vöglein wär/Und auch zwei Flüglein hätt/Flög ich zu dir... » (Si j'étais un petit oiseau/Et si j'avais aussi deux petites ailes/Je volerais vers toi) (*O*, p. 11).

Il supprime parfois pour alléger. La séquence 35 se terminait sur le mot « Déchéance » (*O*, p. 100), et la séquence 45 sur la phrase « La réalité lui échappe » (*O*, p. 121), qui disparaissent. De même, une répétition insistante, « L'Affaire Suter. L'Affaire Suter » est écartée à la fin de la séquence 49 (*O*, p. 131).

Il recompose les séquences 40 et 41. Il ajoute l'actuelle séquence 40 consacrée aux femmes (*O*, p. 112-113), désormais suivie par une séquence 41 (*O*, p. 114-115) qui réunit les séquences 40 et 41 de l'édition originale.

A la datation, nous l'avons vu, il ajoute l'actuelle première ligne, qui place désormais la genèse du roman sous le signe de la brisure.

Bien des interventions, enfin, semblent aléatoires : remplacements de majuscules par des minuscules (ou vice versa), écriture des nombres en chiffres arabes ou en lettres. Leur gratuité apparente témoigne d'une volonté d'*intervenir*. Pour Cendrars comme pour Michaux, déplacer c'est signer à nouveau.

Alors qu'il juge impardonnable sa « fameuse boulette » sur la vallée du Sacramento, Cendrars revendique les quelques libertés qu'il prend à l'égard de l'histoire. Les compatriotes d'Edison avaient le patriotisme moins chatouilleux lorsque Villiers de L'Isle-Adam en fit le héros de *L'Ève future* (1886). Un Avis au lecteur avait suffi pour établir que « le PERSONNAGE de cette légende, – même du vivant de l'homme qui a su l'inspirer – », appartient à la littérature et que l'Edison de son roman, « son caractère, son habitation, son langage et ses théories sont – et devaient être – passablement distincts de la réalité [1]. » Suter est l'Edison de Cendrars – la gloire en moins. Franches et peu nombreuses, les libertés que prend le romancier visent surtout à dramatiser le récit (Zollinger, qui n'a pas ces soucis d'écrivain, n'hésite pas à accabler son lecteur sous une avalanche de faits vrais et de rectifications soulignées).

1. Villiers de L'Isle-Adam, *L'Ève future*, *Œuvres complètes*, t. I, Gallimard, La Pléiade, 1986, p. 765.

Cendrars en convient : Anna Suter (qui s'appelait Annette) n'est pas morte en retrouvant son mari. Elle lui a même survécu six mois... Mais quelle scène à faire ! (*O*, p. 115-116). Il l'a donc faite. Quant aux enfants du couple, c'est vrai, ils ne se nommaient pas, n'ont pas vécu, ne sont pas morts exactement de la façon qu'indique *L'Or*. Mais c'est pour les besoins du récit. Vrai encore que Su (t) ter, s'il est bien mort à Washington, ce n'est pas au bas de l'escalier du Capitole mais plus banalement dans son lit. Mais la scène n'est-elle pas autrement plus forte ? Et Cendrars ici s'amuse, ce que ne perçoit pas Zollinger, qui cite pourtant les paroles emphatiques du général Frémont, au bord de la tombe de Suter : « Il est mort dans l'ombre du Capitole du peuple auquel il a rendu de si éminents services. » Prenant l'histoire au pied de la lettre, le romancier adresse, malicieusement, un pied de nez aux historiens. D'ailleurs, s'il a tenu à donner un sous-titre à son roman, c'est pour abattre son jeu : une « merveilleuse histoire », tout de même, ne doit pas être lue comme un document d'archives.

La polémique connaîtra un retournement qui ne manque pas de sel : ces « erreurs » serviront d'argument à Cendrars, le moment venu, pour défendre ses droits d'écrivain face à des plagiaires (au cinéma, notamment) qui tenteront de se réclamer de l'histoire, qui n'appartient à personne. Or ces inexactitudes, qu'on lui reprochait, prouvent son apport. Tel est pris qui croyait prendre. Quand son imagination parvient à réinventer l'histoire, c'est le romancier qui fournit les archives...

UN COLLAGE BIOGRAPHIQUE

Et cependant l'ensemble de cette polémique est en trompe l'œil. Une pièce manque au dossier, et l'ensemble de la perspective en est faussé. Si *L'Or* n'est pas une biographie, ce n'est pas non plus une vie romancée : c'est, pour ainsi dire, une vie au second degré, une étrange vie palimpseste. L'aventure de Suter, Cendrars ne l'a pas découverte dans les archives, pas plus qu'il ne l'a réinventée à partir des documents : il l'a réécrite. *L'Or* est un collage biographique.

Les confidences de Cendrars tournent autour d'un aveu qu'il ne livre jamais directement : *L'Or* est, dans une large mesure, la réécriture du « petit livre » qu'Auguste Suter a envoyé à son ami Freddy en 1912 (mais dont la lettre ne révèle pas le titre). Ce petit livre, que nous avons eu la bonne fortune de retrouver, est une brochure de 48 pages en allemand [1]. Elle a paru en avril 1907 à Bâle, sous le titre *Général Joh. Aug. Suter*, et reprend un feuilleton publié, en 1868, dans la *Basellandschaftliche Zeitung*. L'auteur en est Martin Birmann.

Ce nom n'est pas inconnu des lecteurs de *L'Or*, où « le petit vieux » Birmann est présenté comme le tuteur des enfants de Suter après la fuite du père (*O*, p. 106). C'est lui qui organise le départ d'Anna Suter et de ses enfants pour les États-Unis. Après la mort de sa femme et sa ruine, c'est

1. Collection Miriam Cendrars.

également à lui que Suter adresse une longue lettre pour lui demander conseil (*O*, p. 121-128). Rien dans cette mise en scène n'indique que Birmann est également le « tuteur » du texte de Cendrars.

A la parution de son roman, Cendrars cite pourtant plusieurs fois la brochure de Birmann. Dans une lettre à Pierre Mille, il évoque sa lecture quand il était enfant [1]. Dans sa « Lettre ouverte » à ses éditeurs américains, il range le récit de Birmann parmi « ses sources [2] ». Mais ce sont là des textes privés ou de diffusion restreinte, et qui maintiennent le flou sur le travail de Cendrars. Quand il revient sur *L'Or*, dans ses Entretiens radiophoniques, c'est pour évoquer « un document d'époque, une lettre originale du vieux Martin Birmann », où le brave homme commettait l'erreur topographique que Cendrars se reconnaît à propos de la vallée du Sacramento [3]. C'est, pour le moins, tourner autour du pot. Quant à la source, si allusivement signalée et enfouie dans des publications mal désignées, elle s'est longtemps soustraite à tout examen.

C'est Jean-Carlo Flückiger qui l'a identifiée dans sa thèse, puis dans le livre qui en est issu. Par une confrontation précise du début des deux récits, il a fait voir, le premier, qu'en bien des endroits Cendrars se contentait de démarquer Birmann [4]. De fait, une confrontation systématique confirme que *L'Or* emprunte au « petit livre » l'essentiel de sa documentation : logique du récit, dates, noms, chiffres, faits, et jusqu'aux coupures des journaux. Comme le récit de Birmann s'arrête en 1868, bien avant la mort de

1. Voir Dossier, p. 158.

2. Voir Dossier, p. 169-172.

3. Voir Dossier, p. 159.

4. Voir Dossier, p. 160-165.

Suter, quelques lignes, ajoutées dans l'édition de 1907, résument la fin de son aventure. Cendrars s'en servira comme d'un canevas à partir de la séquence 55. En bien des endroits, pour unifier sa narration, il fait alors « du Birmann », en multipliant les listes et les chiffres, ainsi dans le chapitre qu'il ajoute sur le voyage d'Anna Suter (*O*, p. 110-111). Bien malin, le lecteur, même fin connaisseur de Cendrars, qui saurait démêler sans erreur l'emprunt littéral de l'apport original !... Quant à la lettre de Suter à Birmann, elle est, évidemment, un ajout de Cendrars.

Une étude comparative plus précise serait utile, au risque d'être fastidieuse. Elle donnerait de précieuses indications sur la méthode de Cendrars, sa façon de redécouper les neuf chapitres du récit de Birmann en petites séquences, de l'alléger en le truffant de petites notations insolites, de scènes caractéristiques, de le dynamiser en multipliant les gros plans, et, bien sûr, en réécrivant au présent un récit tout entier au passé. Mais le collage – puisque c'en est un – est un piège à double tranchant, ce qui explique, probablement, les réticences de Cendrars à dévoiler *sa* source. Il y a d'abord l'imputation possible de plagiat.

Un collage est et n'est pas un plagiat. Comme au plagiat, il importe au collage de ne pas être perçu, du moins immédiatement. Mais au contraire du plagiat, qui cherche à tirer bénéfice de ce qu'il cache et, puisqu'il fraude, demeure dans une logique de propriété, le collage, lui, pose une colle au lecteur. S'il n'exclut nullement d'être déchiffré (mais à retardement), il n'entend pas que ce déchiffrement établisse une source, comme on associe un effet à sa cause. C'est poser la question même de l'écriture qu'il veut, interroger (faire interroger) les catégories d'autorité, d'imitation, de propriété, d'identité, et, par un acte subversif, les invalider. Le collage est, par excellence, un geste de modernité, qui sape les frontières, les critères et les hiérarchies. C'est pourquoi, pour Cendrars, l'embarras était double. Reconnaître le collage, c'était, d'une part, risquer de faire crier au plagiat (ce n'est même pas original !) et, de l'autre, dénaturer la portée de sa stratégie d'écriture, la ramener dans le lit de l'imitation et de la variation. Il s'est donc placé, bon gré mal gré, sur le terrain de ses contradicteurs (le respect de l'histoire), tout en laissant la porte entr'ouverte sur d'autres enquêtes. A cet égard, l'inscription de la figure de Birmann dans la trame du roman n'est pas un aveu, mais un indice.

La surprise n'en sera pas moins forte pour de nombreux lecteurs. *L'Or* repose donc sur un collage, comme plusieurs Poèmes élastiques avant lui [1] et comme *Kodak* (devenu *Documentaires*), un recueil de poèmes contemporain du roman (1924), que Cendrars a taillés à coups de ciseaux dans *Le Mystérieux Docteur Cornélius*, un roman-feuilleton de Gustave Le Rouge [2]. Une polémique peut en cacher une autre.

1. Voir Jean-Pierre Goldenstein, *19 Poèmes élastiques de Cendrars*, Klincksieck, 1986.

2. Voir l'anthologie établie par Francis Lacassin pour la collection « Bouquins » chez Laffont, 1986.

UTOPIALAND

Pour quelles raisons Cendrars tient-il à souligner que c'est le Brésil qui a fait de lui un romancier ? Une réponse s'impose :

« Les Indiens étaient le plus gros souci de Suter. »
Extrait du film de Fritz Lang : *Les pionniers de la Western Union*. Ph. Coll. Christophe L.

« C'est ici que commence la merveilleuse histoire du général Johann August Suter. »
Portrait de Suter par Frank Buchser. Musée de Soleure, Suisse. Ph. du Musée.

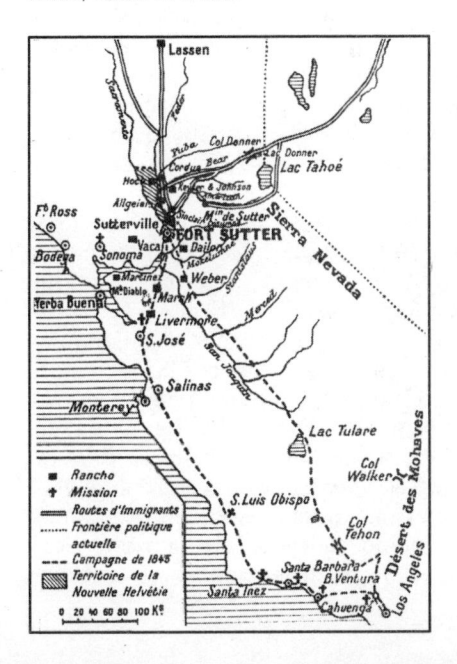

« Et où voulez-vous vous établir ? lui demande le gouverneur.
– Dans la vallée du Sacramento, à l'embouchure du Rio de los Americanos. »
Carte extraite de : J. P. Zollinger, *Vie et aventures du Colonel Sutter, roi de la Nouvelle Helvétie*, Librairie Payot et Cº. 1939, Lausanne. DR. Ph. Ed. Gallimard.

elle appartient à la simple chronologie des faits. Mais cet enchaînement recèle-t-il une causalité plus secrète ? Entre le Brésil tel qu'il l'a découvert et son passage au roman, Cendrars a-t-il perçu une correspondance nécessaire ?

Il a fait du Brésil son « Utopialand » (*TT*, p. 175-194), ses terres d'utopie, le lieu de son imaginaire. Cette reconnaissance s'est faite sous le signe du pseudonyme. Entre Blaise et le Brésil, l'affinité ne pouvait qu'être élective, et l'étymologie la consacre : le Brésil doit son nom au Pau-Brasil, un bois rouge, couleur de braise. Tout confirme cette rencontre et la change en coïncidence : le Brésil est « un continent instable, en pleine formation », où l'extrême modernité et l'extrême sauvagerie s'échangent en quelque sorte. Par sa triple composante (indienne, européenne, africaine), ce pays hybride, métissé, en perpétuel rebrassage, a su déjouer la tyrannie de l'origine et l'ordre du père. Le Brésil est une terre pseudonyme, où règne une osmose sans hiérarchie, où le rêve et la vie s'épanchent de façon nervalienne, où la magie empiète sur le quotidien, où les identités séparées se brouillent, où les époques se confondent. Une terre *couleur de Blaise*.

L'Or est, poétiquement parlant, un *texte brésilien* – à l'image, du moins, du Brésil utopique de Cendrars. C'est un livre en quête de genre. Les étiquettes qu'on est tenté de poser sur sa formule, il les accepte et les révoque à la fois. Roman, biographie, vie romancée, autobiographie déléguée, palimpseste, collage... : ces postulations, et quelques autres que nous rencontrerons plus loin, ne manquent pas de pertinence locale, mais elles cessent d'être incompatibles, et *L'Or* les traverse sans s'y tenir. Échappant *par excès* à la définition, il cherche à réaliser l'utopie du pseudonyme : rétif aux atavismes poétiques, il refuse les assignations à résidence.

Ce que Cendrars reprochera aux modernistes brésiliens, c'est de ne pas être *assez* Brésiliens à son goût, et de se mettre à la remorque de l'Europe pour singer ses avant-gardes [1]. Pourquoi chercher des modèles chez les autres, quand on a la chance d'être nés déracinés ?

Si la matière de *L'Or* est californienne, son écriture est brésilienne. C'est ainsi, du moins, qu'elle paraît au Cendrars de 1924. Plus tard, pour sauvegarder son utopie, nous verrons qu'il devra réviser sa poétique.

1. « La voix du sang », *TT*, p. 235-242.

SUTER ET SUTTER

Pourquoi Cendrars appelle-t-il *Suter* un personnage que l'histoire américaine a retenu sous le nom de *Sutter* ? Cette erreur n'en est pas une ou, du moins, elle ne lui est pas propre : il a suivi la leçon de Birmann, qui écrit ainsi. Même si l'usage en Suisse est flottant, on peut s'en étonner : le général lui-même, quand il signe, met toujours deux *t* à son nom. C'est un portrait de « Johann August Sutter » que le peintre suisse Frank Buchser a signé aux États-Unis, en 1866. Comme l'infortuné général s'est montré incapable de le lui payer, Buchser l'a rapporté avec lui en Europe : on peut voir ce tableau célèbre au musée de Soleure. L'émigrant a-t-il modifié son nom en traversant l'Atlantique ? Ce n'est pas sûr. On montre à Burgdorf une vitre dans laquelle, avant sa fuite, il a gravé son nom : c'est bien Sutter qu'on peut lire.

Cendrars n'ignore pas, ou apprend vite à la faveur des controverses californiennes, l'orthographe officielle du nom de son héros : il l'utilise constamment dans sa correspondance avec les États-Unis. Et quand la traduction anglaise puis le film sortiront, ce sera sous le même titre de *Sutter's Gold*. Dès lors, la graphie de Suter doit être considérée comme un choix. Cendrars l'a maintenue dans toutes les éditions de son livre, y compris lors de la révision de 1947. Avec les polémiques, l'écart, qui était sans doute fortuit à l'origine, est devenu significatif. Ce nom qui n'a qu'un *t*, Suter, ce nom manchot, c'est la signature de Suter par Cendrars. Une lettre qui tombe, et la biographie refusée se métamorphose en « histoire merveilleuse ».

IV DON QUICHOTTE EN CALIFORNIE

PARTIR

La première conquête de Suter est sa solitude. C'est d'abord un homme qui rompt. Rien ne résiste à sa frénésie de dégagement : le petit village de ses ancêtres, sa femme et ses quatre enfants, sa situation sociale et son honorabilité, ses ancêtres, sa patrie, il congédie toutes les attaches. Avant même de révéler son nom, la première séquence le présente comme un « étranger » que personne ne reconnaît dans le village de sa famille. En moins de cinq pages, avec une insistance litanique, ce mot est martelé 17 fois... Et pour mieux sceller une rupture sans esprit de retour, le renégat « crache » (*O*, p. 14, 121), en partant, dans la fontaine de Rünenberg.

En dépouillant le vieil homme, Suter n'émigre pas sans détours dans une vie neuve. Son déracinement est plus radical : il passe par une expérience de désocialisation et même par un retour provisoire à l'animalité. Si l'aboiement des chiens le fait « rentrer sous bois », s'il « broute », pour survivre, des touffes d'oseille sauvage, c'est qu'il s'ensauvage, pour ainsi dire, lui-même (*O*, p. 17). C'est au ban de la société qu'il répudie que se place délibérément « Johann August Suter, banqueroutier, fuyard, rôdeur, vagabond, voleur, escroc » (*O*, p. 20), autant de titres dont le récit lui fait une gloire paradoxale et qui renversent les valeurs reçues. Ce n'est pas changer *de* vie qu'il veut, ni même seulement changer *sa* vie, mais changer *la* vie. Un homme qui rompt, chez Cendrars, se place toujours sous le signe de Rimbaud.

Dans la trajectoire de Suter, aventure et solitude sont les deux faces d'une même passion. Tout au long du récit, dans la quête comme dans l'établissement, dans la gloire comme dans la ruine, dans la consécration comme dans la déchéance,

Suter « reste seul » (*O*, p. 40). S'il emmène bien « trois femmes » dans sa marche vers l'ouest, elles meurent toutes en cours de route. Mise à part une unique allusion à Maria, la Napolitaine, dont il garde le chien (*O*, p. 43), leur identité est strictement comptable, autant que celle de « ses » hommes, de « ses » chevaux ou bientôt de « ses » terres : c'est que Suter ne dialogue jamais qu'avec lui-même. Entre son acte et lui, aucun lien, aucun frein sentimental ne vient s'interposer. Sa femme Anna, s'il la rappelle à lui après quinze ans de séparation et même d'oubli, meurt à l'instant de leurs retrouvailles. D'ailleurs, comment imaginer Suter amoureux ? Lorsque Cendrars travaillera à l'adaptation cinématographique de son roman, il aura le plus grand mal à faire nouer à son héros l'intrigue amoureuse indispensable à toute production hollywoodienne qui se respecte [1]...

1. Voir Dossier, p. 191-198.

Devant le compatissant juge Thompson, Suter ne se reconnaît, en fin de compte, qu'une seule erreur : un homme comme lui « n'a pas d'enfants » (*O*, p. 155). Rien d'étonnant, par conséquent, si son aventure est encadrée par deux chasses à l'homme : celle que les villageois de Rünenberg parlent d'organiser contre lui et celle que le peuple de San Francisco, qui vient juste de l'acclamer, déclenche contre ses propriétés. En Californie comme en Suisse, un aventurier est d'abord un homme qui se retranche.

Mais la solitude de Suter est hantée. Il est « en proie à son idée fixe » (*O*, p. 41) : marcher vers l'ouest, toujours plus vers l'ouest, jusqu'aux limites du monde connu. Pas question pour lui de se tourner vers l'est ou de prendre le Transsibérien comme le jeune Blaise : c'est Besançon et Paris qui l'attirent, puis Le Havre d'où il embarque pour New York, où, s'enfonçant en ville, il « se déplace lentement vers l'ouest » (*O*, p. 27). A travers les récits que lui font les voyageurs, qu'il confronte entre eux et qu'il recoupe, les plans successifs qu'il dresse pour ses expéditions, les noms qui forcent son attention, c'est toujours l'ouest, ou plutôt l'Ouest avec sa majuscule de majesté, qui le pousse en avant, dicte sa marche et la relance. Une aimantation antérieure à tout projet, un tropisme irrésistible change ainsi en trajectoire les actes et les voyages de cet homme pourtant sans amarres. Ce désir d'ouest qui, au mépris de tous les obstacles, l'entraîne vers la Californie, qu'est-ce qui l'oriente ou plutôt, plus justement, qu'est-ce donc qui l'*occidente* ?

UN VOYAGE PALIMPSESTE

Suter est un aventurier héliotrope. Il marche avec le soleil, et son voyage, qui se joue sur plusieurs portées, se déchiffre comme un palimpseste. « Sous le texte volontairement sobre et succinct du récit », l'Histoire sert, en effet, de masque au mythe, et le mythe fraye son chemin au fantasme [1].

C'est « comme toute la civilisation américaine » que Suter se déplace vers l'ouest (*O*, p. 27). Et cette civilisation en marche étant faite d'immigrés, avec lui, c'est toute la vieille Europe qui dépouille l'ancien

1. Cendrars invite lui-même à lire comme un palimpseste l'histoire de Fébronio, un assassin brésilien torturé par les rites de ses ancêtres africains, *La Vie dangereuse*, *OC*, IV, p. 534.

continent pour se porter aux limites du monde connu. La solitude de Suter est ici celle d'un précurseur : il s'approprie soigneusement le savoir des voyageurs qui l'ont précédé et, ces témoignages qui se mêlent de légende, il les passe au feu de sa hantise pour, en « homme d'action », les mettre en œuvre. C'est un monomane actif qui sait conjoindre l'esprit de synthèse à celui d'avant-garde. Son impatience des limites, son individualisme sans scrupules, son sens des affaires, font de lui un archétype (presque une caricature) du pionnier américain.

Pourtant, toute l'aventure de Suter est prise dans une atmosphère de songe. Cette hantise qui l'emporte vers les terres inconnues ne traduit pas seulement la fièvre de l'aventurier : elle trahit, peu à peu, le caractère allégorique de toute l'aventure. « Victime d'un mirage » (*O*, p. 121) après sa ruine, Suter croit « ses maux imaginaires ». Et lorsque San Francisco se décide à fêter son vieux pionnier, en défilant l'air absent, « il croit rêver » (*O*, p. 138). Ces signes d'irréalité suggèrent, sous l'aventure officielle, un parcours plus secret. Car l'Histoire, pour Cendrars, si elle a un sens, dans le double emploi de ce mot, ce sens est de nature cosmogonique.

Sur le *Gelria*, qui le remporte du Brésil vers la France où il va bientôt être pris de la fièvre de *L'Or*, Cendrars fête son anniversaire, le 1er septembre 1924, en écrivant « Le principe de l'utilité ». Célébrant la grande industrie américaine à forme capitaliste, dans laquelle il voit alors un des plus beaux spectacles du monde et une preuve de la constance du génie humain, Cendrars s'essaie aux paradoxes de la cosmogénèse. Contrairement aux idées reçues, le « monde actuel s'est peuplé de l'Occident vers l'Orient ». Et puisque c'est en Amérique que se trouve le berceau de l'humanité, le sens de l'Histoire n'est plus qu'une affaire de syllogisme : « La marche actuelle de la civilisation, de l'est à l'ouest, de l'Orient vers l'Occident, n'est qu'un retour aux origines » (*A*, p. 172). La hantise de Suter y prend un relief inattendu : à suivre le soleil, il retourne dans le ventre du monde. Dans le voyage halluciné, un parcours de réintégration se dessine, un mythe de seconde naissance, une palingénésie, en effet, qui donne son viatique en secret à l'aventure manifeste. Mais ce qui change l'« idée fixe » du héros en merveille souveraine, c'est que le voyage vers l'ouest est un voyage *vers la gauche*.

Sa passion du voyage, on dirait que Suter l'a puisée chez Baudelaire : c'est en enfant définitif, « amoureux de cartes et d'estampes », qu'il dévore le monde. A l'immense Californie qu'il découvre, il préfère le « grossier croquis » qu'il consulte dans son carnet (*O*, p. 53). L'aventure pour lui c'est de feuilleter ses rêves sur le vif. Or, pour qui l'observe à la carte, le monde apparaît comme un grand corps. La Californie forme son côté gauche, et si elle fascine tant Suter, c'est parce que, pour Cendrars, la gauche est le côté de la mère.

Après l'amputation, comment Suter aurait-il resurgi inchangé dans les projets de Cendrars ? A sa façon, il s'est lui aussi refaçonné à Méréville, la mère-ville, où le manchot a découvert que la voie de la main gauche était celle d'un retour dans le ventre de la mère. Désormais, le Suter de Cendrars sait qu'il doit renaître à gauche. Ce récit, derrière lequel le conteur prétend s'effacer, distille les signes à double entente. On ne s'en étonnera donc plus : « Il n'y a qu'une seule voie pour se rendre en Californie, c'est la voie de la mer » (*O*, p. 41). Quant à la Basse-Californie, si elle « s'avance dans la Mer Vermeille » (*O*, p. 51), n'est-ce pas, à la lettre, pour accomplir dans la topographie la vérité clandestine du mythe ? *Méréville, Merveille, Vermeille* : grâce à l'anagramme, qui donne une figure à la réversibilité, la rhétorique soutient, elle aussi, le désir de renaissance.

Lorsqu'il débarque pour la première fois sur la plage perdue de San Francisco, Suter est seul, bien sûr, mais « au bord de la mer », comme un héros et comme un nouveau-né. Par touches discrètes, mais portée par tout l'imaginaire du récit, la scène est décrite comme un accouchement (*O*, p. 49-50).

"QUELQUE CHOSE COMME GUILLAUME TELL"

La seconde vie de Suter sera pourtant de courte durée. A force de patience et de ruses, tout paraît lui réussir. Aucun obstacle naturel ou politique ne résiste à son obstination. L'entreprise de colonisation est menée de main de maître. Dans sa « Nouvelle-Helvétie », il « s'occupe de tout, dirige tout », intervient « sur tous les chantiers à la fois » (*O*, p. 62). Au faîte d'une réussite fulgurante, le mauvais Suisse cède la place à l'empereur de Californie.

La découverte de l'or sur ses terres éclate comme la politique dans un roman : Stendhal la comparait à un coup de feu tiré dans une salle de concert. Malgré les sursauts, les recommencements velléitaires, les reconquêtes partielles, l'idylle cède la place à la « tragédie de la vie de Johann August Suter » (*O*, p. 153). Est-ce l'ironie du sort qu'elle vient illustrer, cette tragédie paradoxale d'un homme ruiné par l'or qui lui revient ? Mais une coïncidence, comment se change-t-elle en destin ?

L'échec de toute sa vie, l'effondrement de toute son œuvre, Suter ne s'en remet pas au hasard pour les comprendre : il interroge, il s'interroge et bientôt il s'accuse. Si le feu vient détruire (*O*, p. 147) ce que le feu avait bâti (*O*, p. 61), c'est pour le punir, lui. Suter est, au fond, superstitieux comme un narratologue : « Le ressort de l'activité narrative est la confusion même de la consécution et de la conséquence »[1]. Dans le récit qu'est sa vie, écrit d'en haut par un conteur qui sait les règles du métier, la découverte de l'or (séquence 27), puisqu'elle vient *juste après* le sommet de sa réussite (séquence 26), est nécessairement *causée par* elle. « Suis-je réellement responsable de tout cela ? » se demande-t-il dans sa lettre à Birmann (*O*, p. 124). La destruction de son Ermitage vient confirmer ses craintes : « Il se sent énormément coupable »

1. R. Barthes, « L'analyse structurale des récits », in *L'Aventure Sémiologique*, éd. du Seuil, 1985, p. 180.

(*O*, p. 149). La grande ruée est un châtiment, *son* châtiment. C'est une justice distributive qui le frappe. Par des voies qui lui échappent, mais dont l'action s'impose à lui, elle a voulu qu'on découvre à point nommé cet or qui fait sa ruine. Cette faute que Suter s'attribue, mais qu'il est incapable de nommer, quelle est donc sa nature ? Et, surtout, à quelle loi, au juste, faut-il mesurer sa transgression ?

Ce qui foudroie Suter dans ses œuvres, est-ce la colère divine ? L'irruption de l'or semble punir, en effet, la démesure d'un autre Prométhée. Suter a voulu, en démiurge, bâtir un monde à son image, et, à tout comme à tous, imposer la forme de ses désirs. De la Californie, il s'est fait ainsi un privilège. Dans ce pays auquel il prétend avoir « donné la vie » (*O*, p. 127), et dont il parle en propriétaire à grand renfort de possessifs (*O*, p. 89, 120, 148), Suter s'est comporté en « maître » : ce sera le dernier mot de sa femme, qui expire à ses pieds comme pour lui rendre hommage (*O*, p. 116). Le feu vient dévaster une œuvre sacrilège défiant l'ordre divin, et c'est dans son rêve de toute-puissance que l'apprenti sorcier est frappé par la loi du talion : « Tout ce qui porte l'estampille, la marque de Suter disparaît » (*O*, p. 147).

Pourtant, d'un autre point de vue, l'or ne dénonce-t-il pas un conquérant devenu trop timide ? Suter est frappé au moment même où il veut s'établir pour « jouir et se réjouir de ses richesses » (*O*, p. 74). Plus qu'à la loi divine, si Suter déroge, c'est peut-être à la loi de l'aventure, qui est un mouvement perpétuel, une relance inlassable du risque. Un héros peut-il survivre à sa hantise ? Or voici Suter prêt à s'assoupir dans un Eldorado confortable. Ce qui le condamne ici, c'est qu'il est sur le point de se renier.

Mais il y a peut-être plus grave. La faute la plus secrète de Suter est de n'avoir pas su changer la vie, et pas même la sienne. Son aventure, au fond, est élastique. Parvenue à sa limite vaine, par un choc en retour, elle le renvoie violemment à un état de lui-même qu'il avait cru dépouiller pour toujours. Et toute son entreprise, se défaisant à rebours, le ramène vers l'est, à Washington, où le conquérant déchu vient se placer sous la protection de la loi... C'est là, très symboliquement, que Cendrars lui fait boucler la boucle : « l'ombre gigantesque du Congrès recouvre bientôt le cadavre du général » (*O*, p. 168). Dès son commencement, sa révolte n'était pas la bonne.

Lorsqu'il arrive en Californie, Suter n'est pas un voyageur sans bagages. S'il a fait table rase de sa vie jusqu'alors, est-il pour autant « l'homme qui n'a plus de passé » (*ACM*, p. 112) ? Son entreprise, à coup sûr, n'est pas sans mémoire. Et d'abord, la Californie, s'il la défriche, n'est pas une terre inconnue. Avant lui, les jésuites et surtout les franciscains ont entrepris tout un effort de colonisation en créant dix-huit postes organisés « sur un seul modèle » (*O*, p. 55). Le projet que Suter présente au gouverneur mexicain Alvarado est, significativement, de « relever le pays » (*O*, p. 60), ce qui revient pour lui à prendre la relève des *Padres* – mot révélateur. L'organisation de Fort Suter montre en lui, avec de précises analogies, un bon fils de ces Pères. Et aussi, paradoxalement, un bon fils de cette Suisse dont il s'est enfui.

Lui qui a voulu se refaire une vie n'a fait, au bout du compte, que reproduire l'ancienne. Lorsqu'il proteste auprès de Birmann, « je n'ai voulu imiter personne » (*O*, p. 124), c'est par dénégation. Il est au bord d'une prise de conscience, à laquelle finalement il n'accédera pas. Ce qui condamne sa « Nouvelle-Helvétie », c'est qu'elle est prise au piège de son nom. Elle n'est qu'une *autre* Helvétie, transposant l'ancienne au bout du monde – et non une Helvétie *autre*. S'il s'est installé dans la vallée du Sacramento, c'est pour la fertilité de ces « cantons » (*O*, p. 59) : ce mot est démasqueur, surtout sous la plume du Suisse Cendrars qui l'ajoute au récit de Birmann.

Rebelle sans révolution, Suter est resté *cantonné* dans une vision du monde dont il n'a jamais mis en cause les principes, s'attachant simplement à les étendre aux dimensions de l'hyperbole. Dès le début de sa marche vers l'inconnu, l'ambiguïté est discrètement mise en place : Suter, s'il chevauche « en tête » (forcément), sur son mustang « Wild Bill » (nommé sur mesure), « siffle un air du carnaval de Bâle » (*O*, p. 38)... Et de même, l'emblème de cette ville – « une crosse d'évêque entourée de sept points rouges » (*O*, p. 11) –, il en fait le pavillon de la Suter's Pacific Trate C°, sa compagnie californienne (*O*, p. 48). Puis, avec la marque d'édition de son père, il le fait encore graver à l'intérieur de l'anneau qu'il se fait faire avec le premier or découvert à Coloma (*O*, p. 87) : étrange contiguïté qui associe le passé étroitement à l'instrument de la ruine. Comme la cause à l'effet.

Lorsqu'elle se résout à quitter Bâle pour rejoindre son mari, Anna Suter entend parler de lui comme « le fondateur d'un pays, le fertilisateur d'une contrée, quelque chose comme Guillaume Tell » (*O*, p. 106). Malgré les apparences, l'ironie ne touche pas qu'à la naïveté de l'épouse : elle met en cause l'entreprise du général. Le même a fait retour dans l'autre. Suter qui défile à San Francisco sur « un grand cheval blanc » (*O*, p. 137), sa Rossinante à lui, dans un accoutrement ridicule – une « redingote noire qui lui est trop étroite » –, en tenant à la main « son bâton de général », Suter qui se bat contre l'or comme il affronterait des moulins à vent, et entre en lutte contre le monde entier, Suter tient beaucoup de Don Quichotte. Mais ce Don Quichotte est resté un Guillaume Tell.

UN HÉROS DE L'ANCIEN TEMPS

La Californie qu'invente Suter présente, en effet, de troublantes affinités avec sa « lointaine petite patrie ». Dans l'une comme dans l'autre, règne « le plus bel ordre », un ordre patriarcal fondé sur l'élevage et l'agriculture. Suter avouera à Birmann qu'il a le mal du pays, mais son œuvre, pourrait-on dire, a couvé ce mal avant lui. C'est lui qui se déclare dans la séquence 26 : tout un rêve d'ancienne

« La Nouvelle Helvétie prenait tournure. Les maisons d'habitation, la ferme, les principaux bâtiments, les réserves de grains, les dépôts étaient maintenant entourés d'un mur de cinq pieds d'épaisseur. »
Sutter's Fort. Reconstitution. Ph. Coll. D.I.T.E.

« Des ponts sont jetés, des pistes tracées, des marais desséchés, des étangs creusés, un puits, des abreuvoirs, des canalisations d'eau. Une première palissade protège déjà la ferme ; un fortin est prévu. »
Croquis d'Eisenstein pour la préparation du film « Sutter's Gold » qu'il n'a pas réalisé. Extrait de « With Eisenstein in Hollywood » par Ivon Montagu. DR. Ph. Editions Gallimard.

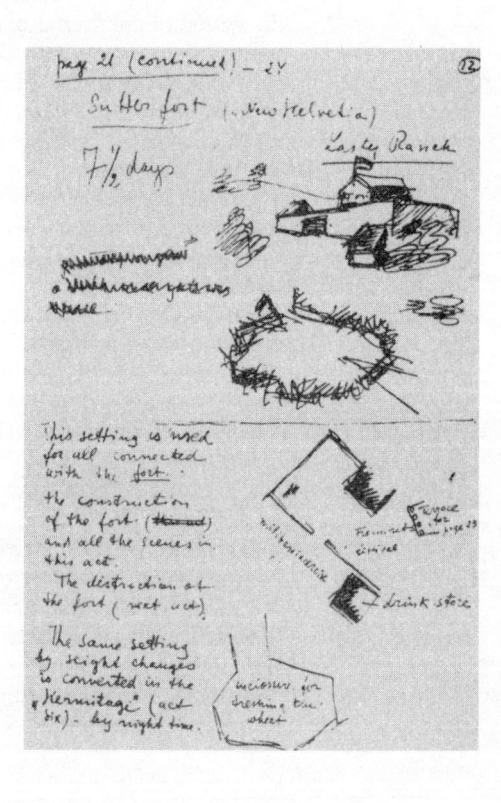

Europe envahit l'entreprise du pionnier. Et la gentilhommière qu'il décide alors de se faire construire, c'est *L'Ermitage* qu'il la nomme, ou du moins que Cendrars la lui fait nommer (l'histoire comme Birmann lui gardent son nom d'Hock Farm) : autre initiative sous tutelle, autre désir par citation, qui transplante dans le Nouveau Monde toute une utopie rousseauiste. Poussé par sa hantise jusqu'à ce cœur du monde d'où il aurait pu renaître, Suter ne fait que réciter la leçon de ses ancêtres. « Je meurs dans un plagiat et ce plagiat est raté », pourrait-il dire comme Arkadie Goischmann, le poète déchu du *Plan de l'Aiguille* (*DY*, p. 76). L'irruption de l'or, c'est alors le retour du refoulé, qui ne ruine pas son œuvre par hasard, mais vient sanctionner son peu de modernité.

Le destin prend pour émissaire, dans le récit, un chariot traîné par « 60 couples de bœufs blancs » qui traverse tout le continent pour porter à Suter la chaudière et la machinerie du premier moulin à vapeur qu'il va construire aux États-Unis. Le conteur intervient pour annoncer l'issue funeste du voyage, par l'unique anticipation (ou prolepse) qu'il se permet dans le récit (*O*, p. 70). C'est à Coloma, en effet, près d'une scierie destinée à alimenter ce moulin, que le premier or sera découvert. La prédiction frappe aussi bien par son unicité que par un ton de mise en garde solennelle, presque grandiloquente. Ici encore, la consécution se change, pour le lecteur, en conséquence : l'or est présenté en quelque sorte, comme le *revenu* de la machine, qui se transforme ainsi en instrument diabolique. La leçon est exemplaire : le monde rural de Suter est incompatible avec la révolution industrielle qui commence.

Le premier or est découvert en janvier 1848. 1848 : la date est, à elle seule, tout un programme, discrètement mais efficacement insinué dans le récit. C'est celle des révolutions qui éclatent un peu partout en Europe et qui tourneront court dans l'ordre social et politique. Sur le plan économique, 1848 sert de repère commode pour marquer les débuts de la révolution industrielle et de la civilisation urbaine. C'est en ce milieu du XIXᵉ siècle, également, que prend naissance chez Baudelaire la théorie de la modernité, qu'on a pu interpréter comme une transposition dans le domaine esthétique d'un désir de révolution inassouvi dans la société, mais à la recherche de solutions symboliques [1]. A ce double égard, qu'il s'agisse de la révolution industrielle ou de la révolution esthétique, les valeurs que hante Suter et qui le hantent font de lui un homme de l'ancien temps.

La ruée vers l'or le déborde, en quelque sorte, sur sa droite. Son individualisme peu scrupuleux, mais tempéré d'utopie paternaliste, est réfractaire à l'individualisme plus brutal de ceux qui, après lui, par d'autres chemins, mais après tout à son exemple, se lancent à l'aventure. L'attitude des Californiens à son égard traduit en retour l'extrême ambivalence du comportement de Suter envers la loi : San Francisco fait un triomphe à son pionnier juste avant de réduire toute son œuvre « en cendres et fumée » (*O*, p. 148)... En cet Américain de fraîche

1. Sur ces questions, voir Henri Lefebvre, *Introduction à la modernité*, Éd. de minuit, 1962.

implantation, le Suisse se braque vite, dans l'adversité, et il verse bientôt dans un moralisme mal accordé aux frasques de sa jeunesse.

Aux maux que prédit l'Apocalypse, il ajoute ainsi deux fléaux inédits : la machine (il refuse de distiller et de laver l'or) et la ville moderne tentaculaire. San Francisco, « la ville maudite » qu'il n'a pas encore vue (*O*, p. 131), lui apparaît comme une autre Babylone. Mais s'il se prend alors de passion pour l'Apocalypse, qu'il accompagne de commentaires personnels en y intercalant des épisodes de sa vie, cette lecture pieuse n'est pas l'indice d'une conversion intérieure. Au contraire d'autres personnages cendrarsiens, que l'échec transfigure et qualifie, Suter n'est pas initié par sa banqueroute. Il n'accède pas, après l'illusion mondaine, à la spiritualité d'une Vita Nova. Sa lecture traduit moins un dépassement mystique qu'un repli intégriste et un ressassement vengeur. Il y manifeste son incapacité définitive à comprendre son malheur et à le dépasser pour le changer en destin.

Dans la très riche galerie des *losers* cendrarsiens, Suter ne fait pas figure de perdant magnifique. Certes, John Paul Jones ou Dan Yack sont sujets, comme lui, à de brusques chocs en retour d'un passé qui, soudain, les cloue sur place et frappe d'irréalité toute leur entreprise. Même pour un Galmot, que Cendrars rend si proche de Suter, une « correspondance secrète » s'insinue entre la Dordogne de son enfance et la Guyane où, à sa façon, il joue lui aussi au démiurge (*R*, p. 259). Mais ce vertige, s'il saisit ces compagnons d'aventure, c'est pour les ouvrir à la contemplation. La débâcle finale ne les atteint plus : ils vivent déjà sur un autre plan. Ici encore, et malgré l'Apocalypse qui ne quitte plus sa poche, Suter est seul. Cet homme foudroyé n'est qu'un héros *fourvoyé*.

Car, de même qu'il rejette le modernisme de la machine, Suter se montre étranger aux valeurs idéologiques de la modernité. Son départ initial n'entraîne pas de solution de continuité. Il quitte sans rompre. C'est la loi de la modernité qui le condamne, cette loi paradoxale de la modernité dont Cendrars s'est fait si souvent le chantre et le champion : le mal de l'écriture, son seul péché irrémissible, c'est la loi du même, le stéréotype. Qui répète n'écrit pas. Le conteur se sépare ici nettement de son personnage, qui est aux antipodes de son imaginaire comme de son projet d'écriture.

Incapable d'en finir avec la tradition, Suter n'a fait que transposer et reconstituer, presque machinalement, sans la moindre activité critique, le modèle de société et d'économie dans lequel il est né. Sa crise, au fond, est toute personnelle : elle n'engage que lui sans remettre en cause ni le modèle reçu, ni, à plus forte raison, la nécessité d'un modèle. L'impératif de rupture, à quoi se reconnaît le projet moderne, lui est étranger. Ce n'est pas un créateur : il *cite*, il *récite*, en toute inconscience. Sa vie s'inscrit entre deux procédures : la lettre de cachet qui ne l'atteint pas (*O*, p. 15), l'interminable procès qui ne débouche sur rien. Elles ne se contredisent qu'en apparence : ce sont les deux faces d'une même tutelle. Incapable d'inventer sa liberté, le hors-la-loi timide est resté sous le sceau de l'autre. C'est pourquoi, en fin de compte, Suter est un révolté sans révolution, une sorte de pionnier passéiste. Sa solitude est, effectivement, totale : débordé sur son propre terrain par les aventuriers, abandonné de Dieu qui châtie sa démesure, désavoué par le conteur pour cause de conformisme, c'est une victime sans recours.

Surtout, au contraire de Cendrars, Suter n'a pas su *comment* éradiquer son passé. En quittant la vieille Europe, il n'a pas compris qu'on ne se fait pas « une vie » (*O*, p. 80) sans toucher au nom. L'autre nom de la loi, le modèle de tout modèle, l'ombre portée de l'ordre, c'est le patronyme, par quoi le père, et tous les *Padres* à sa suite, tiennent en laisse l'identité. On ne se délivre pas, on ne s'émancipe pas sans le renier. Tel est le premier geste de Dan Yack après un hivernage initiatique où il a dépouillé le fêtard qu'il fut : « Je ne veux même plus porter mon nom ! Tenez, aux yeux de tous, je ne suis toujours que le fils du patron, même aujourd'hui, où il n'y a pas d'autre patron que moi, je suis le fils, c'est-à-dire un incapable, un impuissant » (*DY*, p. 98). On ne rompt pas sa chaîne sans interrompre d'abord la filiation. Renaître, c'est proclamer d'abord à la face du monde :

« Je ne suis pas le fils de mon père » (*ACM*, p. 114).

Dans l'imaginaire de Cendrars, si attentif à l'emprise du nom sur l'être, Suter échoue parce qu'il est incapable de se faire un nom nouveau : un *pseudonyme*. Un nom qui, comme celui dont s'est rebaptisé « Blaise Cendrars », a su rompre deux fois avec la loi du patronyme : en congédiant l'identité reçue du père (c'est un parricide en effigie), mais aussi, plus gravement, parce que, contre les lois de l'onomastique, il entend *signifier* [1]. Seule cette deuxième condition peut faire du pseudonyme un pseudo-nom, un simulacre de nom apte à fausser l'ancien jeu des noms avec ses valeurs traditionnelles d'origine, d'autorité ou de propriété. L'épanchement du propre dans le commun, la communion de l'identité avec le langage dont elle tire ses nouvelles racines, permettent d'étendre un principe de pseudonymie à tous les signes : le pseudonymat peut alors triompher.

Qu'importe, dans ces conditions, que le nom qu'il a reçu soit comme un « nom magique » sur les lèvres de tous les chercheurs d'or (*O*, p. 80) : Suter est resté du côté de Sauser, avec lequel il entretient un certain cousinage phonique, sans jamais le dépasser pour accéder au pseudonyme. Remarquablement, d'ailleurs, chez un écrivain si prompt à distribuer dans ses textes, à toutes les occasions, ces « braises » et de ces « cendres » qu'il tire de sa signature par antonomase (cette figure qui régit l'échange du propre et du commun), et dont il se fait une sorte de monogramme à l'enseigne du phénix, *L'Or* est un roman des « cendres » seules (*O*, p. 147, 148), un roman sans la moindre « braise » régénératrice. Absence éloquente pour l'interprétation : Blaise Cendrars ne mêle pas son prénom à

---

[1]. Sur cette double infraction, voir *Une Nuit dans la forêt*, *OC*, VII, p. 17.

l'aventure de Suter. *L'Or* n'est donc pas un roman du phénix. Ou plutôt si, mais alors par ironie, puisque la marque d'édition du *père* de Suter n'est rien d'autre qu'« un phénix se consumant » (*O*, p. 87)...

Lorsque Suter marque son nouveau territoire en Californie, il signe ses terres d'un nom qui, en secret, le dépossède. Fort Suter, Sutersville, Suterscreek, Suterscounty, qu'ils soient distribués par lui ou par d'autres, il le constate enfin sans le comprendre : « [tous] ces noms ne signifient rien, sinon la ruine de son établissement et le malheur de sa vie. » (*O*, p. 100).

C'est ce qui s'entend, entre les signes, dans les neuf coups qui martèlent la séquence 27 :

« C'est la paix.

Non. Non. Non. Non. Non. Non. Non. Non. Non : c'est l'OR ! » (*O*, p. 77).

Comme il y a des retours de bâton, Suter, avec l'or, est victime d'un *retour de nom*.

V "RIMBAUD À L'ÉCOLE DE LA FONTAINE"

UN "ÉCRIT LINÉAIRE" ?

1. Voir Dossier, p. 187-188.

« Le journal de bord d'un homme d'action » : c'est ainsi que Joseph Delteil définit *L'Or* à sa parution, et telle est aujourd'hui encore l'opinion courante [1].

Que ce soit pour louer sa vigueur nerveuse ou pour regretter, au contraire, sa sécheresse, l'accent est régulièrement mis sur la rapidité, la brièveté, la facture elliptique d'un récit qui, à l'image de son héros pressé, court droit vers son but. Et Cendrars lui-même, lorsqu'il revient brièvement, vingt-cinq ans après, sur la genèse de son récit, raconte comment il s'est mis à « élaguer » et à « dépouiller » un projet abandonné depuis longtemps pour en faire un « écrit linéaire » (*LC*, p. 443).

A l'examen, pourtant, cette réputation de linéarité réserve quelques surprises. Sa formule d'écriture est plus complexe qu'il n'y paraît, et son interprétation d'autant plus délicate. Cet *effet de linéarité*, en premier lieu, à quoi tient-il ? Sans doute à la convergence de trois facteurs principaux : un effacement marqué du conteur devant le conte, la focalisation constante du récit sur son personnage central et enfin ce que Delteil appelle le « style des bilans », avec sa profusion de chiffres, de noms, de faits. Examinons-les dans cet ordre.

Qui parle ? Le narrateur, s'il ne se nomme jamais, n'interdit pas qu'on l'identifie à l'auteur : « Aujourd'hui, 1925 », dans la dernière séquence, jette une passerelle entre le temps du conte et l'actualité du conteur, qui abandonne son rôle de chroniqueur pour tenir celui de journaliste. Au demeurant, il intervient peu : un « nous » tardif et discret (*O*, p. 53), que suivront trois « je » parcimonieux (*O*, p. 80, 83), soulignent son retrait devant l'aventure. Quand il prend la parole, c'est paradoxalement pour préciser qu'il la laisse à Suter : le récit de la découverte de l'or, ne se borne-t-il pas à le *copier* dans un cahier du général et à le *traduire humblement ?* La parenté d'attitude se fait d'autant plus frappante entre le copiste et un aventurier qui « se borne à raconter les événements, à énumérer les faits tels qu'ils se sont passés. Il reste toujours en deçà de la réalité » (*O*, p. 83). Refusant les intrusions importunes, minimisant son intervention, faisant valoir que le « merveilleux » est au prix de l'euphémisme, le narrateur se veut modeste : il ne revendique, à tout prendre, qu'un emploi de *metteur en conte* obligeant, tout entier au service de l'histoire qu'il transmet aux lecteurs.

Cette mise en conte, le narrateur l'assure en privilégiant trois fonctions : une fonction historique et érudite (il dispense le savoir indispensable à la mise en perspective de l'aventure et à la saisie de ses enjeux) ; une fonction pédagogique (il s'adresse à l'imagination de ses lecteurs, devance leurs questions pour mieux y répondre, vérifiant ainsi la bonne circulation du récit) ; et une fonction testimoniale (il multiplie les documents comme autant de pièces à l'appui : le cahier de Suter ou sa lettre à Birmann, des coupures de journaux, un extrait du *Tour du Monde,* le discours du maire de San Francisco...). Il se fait ainsi, tour à tour, chroniqueur, maître d'école au tableau noir ou enquêteur, mais toujours aux antipodes de la fiction. C'est alors le réel, et lui seul, qu'il déroule devant les yeux du lecteur, un réel simplement débarrassé de la poussière des archives et, par la magie de l'écriture, rendu à la vie.

Et de même, puisqu'il s'agit de conter l'histoire d'une hantise, n'est-il pas naturel de tout lui subordonner ? Voici donc le récit hanté lui aussi, hanté par cette hantise, et constamment focalisé sur l'aventure de Suter. Aucun autre personnage ne vient sérieusement disputer la préséance narrative au général : ni sa famille, abandonnée puis récupérée à sa guise, ni ses « hommes » dans son entreprise (Marshall ou Marchais ne se détachent qu'un instant), ni ceux qui lui témoignent de l'amitié mais qu'on n'ose dire ses amis (le père Gabriel, le juge Thompson). Ils ne font qu'accompagner ou baliser les étapes d'une aventure solitaire.

Le chapitre XI, dont les cinq séquences relatent le voyage d'Anna Suter et de ses quatre enfants, est le seul à se présenter comme un épisode relativement autonome, mais, autant que l'épouse elle-même qui vient mourir aux pieds du « maître », c'est pour mieux marquer son allégeance à la trajectoire pour ainsi dire autistique du « Maître ». Tout au long du récit, Suter est un homme sans interlocuteur, ce que souligne l'éviction presque complète de dialogue dans le récit : la séquence 64, où alternent deux monologues, le confirme par la caricature (*O*, p. 154-156). La grandeur comme la malédiction de Suter sont dans cette solitude de sa parole. Il tire parti des récits des voyageurs, il donne, en potentat, des ordres sans retour ou il adresse, en victime, des plaintes ou des requêtes à des destinataires qui ne lui répondent pas : ni son cahier auquel il confie le récit de sa ruine, ni Birmann, à qui il adresse une longue lettre, ni la Loi, qu'il sollicite par ses procès et par ses démarches, ni Dieu, qu'il compromet par ses commentaires personnels de l'Apocalypse, ne font écho à ses soliloques. Autant que l'or, la parole dans *L'Or* est mauvaise : elle ne permet aucun échange, elle n'apporte aucun secours, aucun recours.

Cette unité de hantise concourt puissamment à l'impression de linéarité que laisse un récit aussi centré sur son héros : on ne quitte jamais vraiment Suter qui, lui non plus, ne parvient jamais à se quitter. *L'Or* n'est donc en rien une biographie (ou alors c'est la biographie d'une idée fixe). Pas plus qu'il ne propose une histoire de la Californie ou une chronique de la ruée vers l'or : l'une comme l'autre, si elles accèdent au récit, c'est parce qu'elles sont soumises à la mission du héros. Dans la gloire puis dans la déchéance, elles servent de révélateur à l'aventure : ce sont ses caisses de résonance. Les guerres avec le Mexique, l'entrée de la Californie dans la Confédération américaine, la naissance de San Francisco, le sort de milliers d'hommes venus du monde entier : tout se cristallise autour de Suter et de son tropisme.

Le père Gabriel ne s'y trompe pas : « un pan de l'histoire du monde s'est abattu sur tes épaules » (*O*, p. 117). Et le metteur en conte le confirme par un art des clausules, qui le conduit à conclure un tableau d'ensemble sur l'intervention de

Suter, par une fermeture brusque du compas. C'est ainsi, par exemple, que les séquences 18, 34 ou 37, peintes à fresque, *accommodent* finalement, par un gros plan, sur le héros hanté.

"LE STYLE DES BILANS"

Mais la linéarité est surtout l'affaire ou l'effet d'une remarquable économie de moyens. C'est ici l'écriture qui s'efface devant l'aventure et, si l'on peut dire, à tous les étages.

Le récit est bref : 278 pages, très aérées, en 1925, alors que l'édition révisée de 1947, plus serrée, n'en comporte plus que 237 et celle de Folio, plus spartiate encore, 169. Cette brièveté du récit est redoublée et comme accusée par sa fragmentation en 74 séquences, dont la plus longue (la 31, celle du « cahier » de Suter) couvre à peine 8 pages tandis que les plus courtes (les 65 et 74) atteignent tout juste... les 8 lignes. A son tour, cette brièveté des séquences se voit renforcer par la coupe des paragraphes, puis celle des phrases, également elliptiques. La syntaxe de *L'Or* est aussi peu périodique que possible, à l'extrême opposé des phrases « proustiennes » qui, dans les mémoires, s'enchevêtrent parfois sur plusieurs pages [1] et interdisent, même à l'œil le plus attentif, une lecture linéaire. Peu de subordinations ici et pas de phrases complexes, mais un idéal de lisibilité immédiate, *sans esprit de retour*.

Comment concilier, en effet, l'allure de l'homme pressé avec une syntaxe à retar-

[1]. Deux exemples dans *Le Lotissement du ciel* : p. 230-236 et 303-307.

dement ? La hantise se mire et se mime plus volontiers dans une parataxe. Cendrars procède souvent à une juxtaposition – une rafale – d'indépendantes, soulignée par l'usage systématique de l'alinéa, comme dans la séquence 27, qui est trouée de blanc autant qu'un poème, mais sans image (*O*, p.77). Les phrases nominales y sont nombreuses, avec ce qu'elles suggèrent de sursauts ou de ricochets, et un rejet massif – à certaines exceptions près que nous examinerons plus loin – de tout ce qui enrichit le texte, mais freine la marche : les adjectifs et les adverbes, mais aussi les images. Dans sa hâte vers le sens – un sens clair et net, qui ne se donne pas à déchiffrer –, la phrase de *L'Or* a l'allure d'une voyageuse sans bagages, aussi peu soucieuse de s'encombrer d'un viatique que Suter lui-même.

La brièveté de la phrase est soutenue et accentuée par le recours à un présent perpétuel, ou plutôt qui devient perpétuel dès que Suter commence sa marche vers l'ouest, à la 4e séquence. Alors, très symboliquement, le conteur, aussi bien que son personnage, du passé font table rase. Cendrars se sépare ici de Birmann qui, plus traditionnellement, organise son récit au prétérit (qui réunit en allemand, comme on sait, les emplois de l'imparfait et du passé simple). Et c'est avec une satisfaction évidente qu'il évoque, dans *Le Lotissement du ciel*, cette réécriture au présent de l'indicatif, « celui des cinq modes du verbe qui exprime l'état, l'existence ou l'action d'une manière certaine, positive, absolue » (*LC*, p. 442). C'est grâce à ce remaniement, en effet, que la chronique, vouée d'ordinaire au passé simple parfois entrecoupé de présent de narration, s'incorpore les vertus vivantes de la fiction, sans renoncer pour autant à l'exactitude qu'on attend d'une histoire vraie.

Récit, séquence, paragraphe, phrase et temps du verbe, enfin, se veulent les auxiliaires du fait. Le réel – le réel historique – selon Cendrars est un réel d'accumulation, qui suppose et entraîne un inventaire brut de chiffres, de dates, de noms, d'événements. L'exactitude de Cendrars se fait ici impitoyable : il n'épargne à son lecteur ni les décomptes de troupeaux ou de salariés (*O*, p. 57, 61, 63, 96...), ni les listes de prix (*O*, p. 80). Avec une méticulosité inlassable, qu'on ne croit pas exempte d'un certain humour bizarre, il énumère « les dix-neuf Blancs » qui accompagnent les 150 Canaques (*O*, p. 59), « 6 villages d'insulaires » (*O*, p. 66) ou « 17 vapeurs sur rade » (*O*, p. 111)... A quoi bon cette profusion de détails, et surtout de détails chiffrés, dont l'importance ne s'impose pas dans l'économie du récit et que le lecteur, dans un récit pourtant si laconique, est tenté de « sauter » ? Ce goût de la précision inessentielle, provocateur à force de frôler le fastidieux, peut sembler aux antipodes de la rhétorique, mais il relève cependant d'un art rusé. Ces alignements de chiffres, ces revues de noms, ces théories d'événements, ces litanies de dates (*O*, séquences 67 et 71), contribuent à produire ce que Barthes appelle un *effet de réel*[1].

L'obstination du nombre, qu'aucun symbolisme évident ne vient soutenir, qui

1. R. Barthes, *Le Bruissement de la langue*, éd. du Seuil, 1984, p. 167-174.

ne paraît tirer sa légitimation que d'elle-même, vient dire au lecteur : *Voilà les faits, tout bêtes. C'est ainsi que les choses se sont passées.* Et surtout : *que mon récit n'ait rien à voir avec la littérature, qu'il se borne à transcrire le réel, mesurez-le à ces moments d'ennui, – et songez, au passage, avec gratitude, à toutes les recensions d'archives que je ne vous ai pas infligées !*

Le moins drôle (et le moins troublant pour l'analyse) n'est sans doute pas que la plus grande part de cette documentation impressionnante est tirée, au nombre de bêtes à cornes près, de la brochure de Birmann et qu'elle atteste moins une soumission aux faits qu'une réécriture qui se cache. Dans les séquences qu'il ajoute (tout l'épisode d'Anna Suter, par exemple), Cendrars s'amuse ainsi, nous l'avons vu, à imiter Birmann. La part du pastiche dans *L'Or* (et donc du jeu avec le lecteur) est loin d'être négligeable. Mais, surtout, Cendrars est passé maître dans l'art des *perspectives dépravées*, comme les nomme Baltrusaitis [1]. Il grossit le détail, il le décentre à la façon d'un hyperréaliste avant la lettre, sachant bien que ce changement d'échelle, qui dépayse l'œil, renverse le réalisme escompté (ou prétendûment escompté) en une source paradoxale de merveilleux. Depuis *Profond aujourd'hui*, en 1917, c'est pour lui un des acquis fondamentaux de la « révolution » cinématographique :

« Où est l'homme ? La geste des infusoires est plus tragique que l'histoire d'un cœur de femme. La vie des plantes plus émouvante qu'un drame policier. La

1. L'historien d'art Jurgis Baltrusaitis a consacré plusieurs volumes aux « perspectives dépravées », notamment *Anamorphoses* (Flammarion, 1984). Il désigne ainsi les déformations optiques raisonnées et leurs pouvoirs de suggestion visionnaire ou mythique.

musculature du dos en action est un ballet. » (*A*, p. 143).

Le réel comptable, dans *L'Or*, fait ainsi basculer le récit dans l'irréalité, dont le sentiment saisit Suter au moment de sa ruine. Malgré la sévérité linéaire de leur parcours respectif, pas plus le héros que son peintre n'ont quitté, l'un, le domaine du rêve éveillé et l'autre, celui de l'écriture. En fin de compte, Suter – pourtant présenté comme « l'homme d'action par excellence » (*O*, p. 119) –, aussi bien que son chroniqueur, n'ont jamais eu affaire qu'à des signes. Ce sont l'un et l'autre d'intrépides *brasseurs de textes*.

L'ESCALIER DE LA FORTUNE

Ce choc en retour de l'irréel dans un récit scrupuleusement soumis, en apparence, à la ténacité des faits invite à reconsidérer l'aventure elle-même. Sa linéarité n'est-elle pas, elle aussi, en trompe l'œil ? Déjà, dans sa mise en conte, Cendrars cherche à déjouer la monotonie d'un débit uniforme : il multiplie les facteurs de variation et de dissymétrie. Ainsi fait-il alterner l'aventure et la chronique, le gros plan et le panoramique (*O*, séquences 4, 5 et 6, par exemple). Il disloque le temps : le chapitre I présente quelques jours de la vie de Suter, tandis que le XVIe résume 26 années... Mais, surtout, il tire parti de la double unité de mesure qu'il impose au récit : XVII chapitres se partagent 74 séquences, qui bénéficient elles aussi d'une numérotation continue. Mais ils se les partagent très inégalement, dans la modulation d'un rapport élastique, qui va de 1 à 8 séquences par chapitre, ce qui provoque de violents effets de rythme. C'est ainsi, par exemple, que les chapitres VI et XVI – les seuls à comprendre 8 séquences – sont suivis par les deux chapitres à séquence unique, les VII-27 (l'irruption de l'or) et XVII-74 (l'adresse finale au lecteur), que ce contraste met fortement en relief.

Les deux numérotations sont, à proprement parler, concurrentes, puisque celle des séquences ne recommence pas à chaque nouveau chapitre. Il y a là comme un refus d'allégeance ou d'emprise, une forme d'*insubordination*, qui n'est pas sans suggestion symbolique. Cette double conduite du récit tend à faire de lui le théâtre d'un affrontement entre deux ordres, et elle oriente le lecteur vers une double mesure du sens. C'est un embrayeur d'allégorie, puisque, selon l'étymologie, en parlant d'une chose, l'allégorie parle au lecteur d'autre chose.

Cette histoire d'un homme ruiné par la découverte de l'or, de quoi d'autre vient-elle nous parler ? Quelle autre parole nous fait-elle entendre sous la fable ? Peut-être une vérité générale comme celle-ci : le triomphe est à deux pas du précipice, autrement dit : *La roche Tarpéienne est près du Capitole*. C'est ce que vient illustrer, d'une façon en effet très allégorique, la succession brutale des séquences 26 et 27 : l'acmé de l'entreprise est immédiatement suivie du coup de tonnerre (un coup de pioche en l'occurence) qui jette à bas tout l'édifice (*O*, p. 74-77). Cette perspective allégorique donne à la scène finale un relief inattendu. Contrairement à l'histoire et surtout à ses lectures, Cendrars choisit de faire mourir Suter à Washington, au bas de l'escalier monumental qui conduit au Palais du Congrès. C'est ainsi du moins qu'il désigne, non sans malice, ce qu'on nomme également... le Capitole. La moralité de sa fable, Cendrars se serait-il amusé à la cacher comme une devinette ? Ce qui ferait de *L'Or* un « écrit linéaire », ce serait cette polysémie restreinte du texte : l'aventure se traduisant aussitôt en vérité commune.

Mais l'aventure de Suter s'est-elle vraiment brisée d'un coup ? La pioche de Marshall ne vient pas détruire, à l'improviste, une harmonie jusqu'alors sans défauts. Déjà, le ver était dans le rêve. L'ascension du héros, pas plus que sa chute, ne sont d'un seul tenant. Également irrésistibles, elles procèdent pourtant, l'une et l'autre, par paliers. L'escalade est ralentie par de menus avortements et la descente freinée par de faibles recommencements, si bien que le mouvement d'ensemble du récit – sa trajectoire brisée – se reflète en miroir en de multiples endroits du récit, qui la préparent ou la répètent. Bien loin d'être linéaire, *L'Or* est tissé de la répétition d'une même figure, obstinée autant que Suter, qui donne à l'aventure sa cellule narrative de base et imprime à l'ensemble de l'histoire la dynamique d'une stéréotypie. La fortune de Suter ne s'inscrit ni dans une ligne ni dans une roue : elle ne cesse de lui faire monter et descendre les marches d'un escalier :

« Il va, il vient, il monte, il descend, il frappe, il heurte, il attend patiemment derrière les portes, il parcourt des milliers de lieues, il revient des milliers de fois sur ses pas, pris comme dans une souricière. » (*O*, p. 158).

Mais cet escalier de la fortune, s'il ne se révèle pas d'emblée, c'est que le conteur ne cesse, quant à lui, de varier son traitement, son actualisation thématique et son orientation positive ou négative.

En un sens, il ne se passe rien dans *L'Or*. Toute l'aventure n'est que la prolifération d'une même figure rythmique, qui fait alterner le flux et le reflux, l'expansion et le repli, la dilatation et la rétraction, l'ascension hantée et la chute désenchantée, l'extériorisation et l'intériorisation, en somme, la diastole et la systole, sur le modèle du battement cardiaque. Il y a là comme une analyse spectrale du réel, qui fait du héros un acteur agi, de l'aventure une déambulation somnambulique et de la vie, « dans toutes ses manifestations », une « hallucination congénitale » (*A*, p. 145).

Lorsqu'il contemple Moravagine, Raymond-la-Science découvre que les « jeux de la tendre enfance » de son compagnon ont donné forme à leur action terroriste : « ce petit empan qui sert de tremplin à une petite idée dure et ronde comme une bille », c'est le même qui tient à présent « la boule de l'empire dans sa paume, le soupesant, prêt à la jeter comme une bombe » (*M*, p. 310). L'aventurier pour Cendrars n'est jamais qu'un rêveur éveillé, qui prolonge sur le vif les fantasmagories de son enfance et cherche, parfois sans le savoir, à les dicter au réel.

Depuis des millénaires, l'or est un très puissant ressort de l'imaginaire [1]. Suter qui tente, à sa façon, de restaurer l'Âge d'Or, les foules qui se ruent vers l'Eldorado californien, ne communient-ils pas tous dans le mirage qui les fait vivre ? Chacun à sa façon, ne partent-ils pas à la conquête d'une Toison d'Or ? Au fond, c'est l'enfant qui rêve encore en eux :

« La politique et ses mobiles, le nom des héros, des conquérants et des victimes, les cultures et les civilisations, tout s'effondre, s'efface, les monuments se tassent, les patries et les peuples sont oubliés, seule dure la Poésie comme le souvenir intermittent d'un rêve d'enfance : la déification de l'humanité, l'homme RÉEL. » (*LC*, p. 523).

Cette note que Cendrars adresse au « lecteur inconnu » à la fin du *Lotissement du ciel*, c'est à propos de l'or – et de *L'Or*. Il la lui glisse comme une clef de son récit, et de toute son œuvre.

[1]. Sur la mythologie de l'or, Pierre Gascar a écrit un essai suggestif, *L'Or*, Delpire, 1988.

REVENIR

Est-ce la vocation allégorique de l'aventure qui a imposé le rapprochement ? Cette façon qu'a le récit de se poser en fable dont la moralité ne se dérobe que faiblement ? Toujours est-il que Jacques Bainville a vu dans l'auteur de *L'Or* un « Rimbaud à l'école de La Fontaine » (*LC*, p. 443). C'est, du moins, ce que rapporte Cendrars, dont la mémoire est

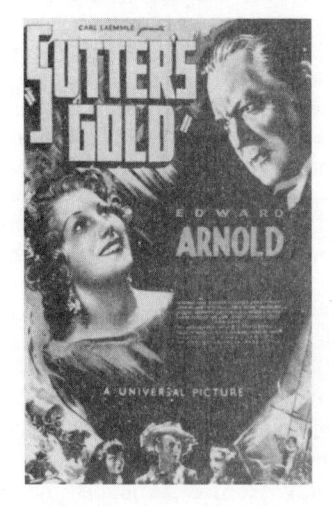

L'Or maudit. Version française du film de James Cruze. Affiche. Ph. Bibliothèque Nationale suisse.

Blaise Cendrars (à droite) avec Edward Arnold qui interprète le rôle de Sutter dans *Sutter's Gold*. Ph. Bibliothèque Nationale suisse.

Sutter's Gold. Affiche du film réalisé à Hollywood par James Cruze en 1936. Ph. Bibliothèque Nationale suisse.

ici sélective. Le feuilletonniste de *L'Action française* – sous le pseudonyme d'Orion, qui devait laisser Cendrars rêveur – avait en fait écrit :

« La Fontaine et Voltaire soudain retrouvés après le grand détour que détermina Rimbaud, quelle aubaine[1] ! »

Plus qu'une citation approximative, c'est là un remaniement de texte, qui améliore la formule mais surtout en infléchit la portée. Cendrars fait disparaître Voltaire, et avec lui toute une dimension de récit picaresque, qui lance le héros à travers une géographie symbolique et initiatique, où tout ce qui agite l'époque est passé en revue. La rature est bien venue. Le *Candide* de Cendrars, en effet, c'est plutôt *Moravagine*. Certes, Suter peut faire songer à Candide (ou l'Ingénu), dans la mesure où tous deux sont traités comme des marionnettes, ce qui les rend réfractaires à tout apprentissage. Pourtant, nous l'avons vu, Suter tient davantage de Don Quichotte. Loin de servir de miroir au monde, il pourrait s'approprier le mot de Schopenhauer dont Cendrars s'est fait une devise : « Le monde est ma représentation. »

Ne reste donc que La Fontaine dans une confrontation ambiguë avec Rimbaud. Car si le sens du parallèle est clair chez Bainville, chez Cendrars il l'est beaucoup moins. Contre Rimbaud, mais aussi contre les dadas et les surréalistes qui se sont fait de lui un porte-drapeau, Bainville préconise un retour aux valeurs du classicisme, dont La Fontaine est traditionnellement tenu pour garant et que Cendrars, après quelques égarements

1. Voir Dossier, p. 188-189.

de jeunesse, « retrouverait ». Cette idée d'un retour au bercail, la formule de Cendrars s'en débarrasse. L'itinéraire qu'elle propose n'est plus celui d'un fils prodigue. Rimbaud ici persiste dans La Fontaine, et la palinodie cède la place à une ascèse. Il ne s'agit plus de renier le Rimbaud qu'on fut, mais de le surmonter : c'est plus qu'une nuance. Un Orion peut en cacher un autre : le Rimbaud de Cendrars n'est pas celui de Bainville.

Cendrars n'a pas, à proprement parler, d'admirations littéraires. Il s'identifie ou non à celui qu'il lit, et quand il s'identifie, il s'approprie l'autre, il le vampirise, au point, parfois, de le passer sous silence. Plus que l'hommage déclaré, c'est le collage chez lui qui est révélateur. Au « Je est un autre » de Rimbaud, il préfère le « Je suis l'autre » écrit par Nerval au bas d'un de ses portraits, peu avant sa mort. C'est pourquoi son identification à Rimbaud, si forte qu'elle soit, reste lacunaire et polémique.

Avec l'avant-garde de son époque, Cendrars a d'abord vu en Rimbaud un expérimentateur des limites, un chercheur d'absolu, l'impatient de toutes les révoltes. Au tournant des années 20, dans le cercle des proches de Cendrars, une certaine affinité oraculaire incite à rapprocher les deux poètes. Abel Gance, alors très lié à Cendrars qui l'assiste dans le tournage de *La Roue*, écrit en 1920 :

« Si je devais choisir deux livres de poésie moderne, je n'hésiterais pas à prendre comme plafonds de notre sensibilité, les *Illuminations* de Rimbaud, et *L'Eubage* de Cendrars [1]. »

---

1. Abel Gance, *Prisme*, Gallimard, 1930, p. 315.

Mais depuis sa blessure et la révélation de Méréville, Cendrars, pour ainsi dire, a changé de Rimbaud. C'est le congé donné à la poésie qui le hante désormais, et ce grand départ dont il rêve à son tour. En octobre 1917, il a donné congé, lui aussi, aux milieux littéraires parisiens, aux poètes et aux poèmes. Mais c'est pour changer sa vie et devenir enfin l'autre. Le seul reproche qu'il fasse à Rimbaud est de s'être tu : « Un homme fort oublie son passé. Il aurait dû revenir, se taire encore, ou se remettre à écrire, mais alors tout autre chose » (*SSFV*, p. 56).

Le grand fantasme du manchot c'est d'être Rimbaud revenu, ou rien. Un Rimbaud qui serait resurgi plus fort de son amputation pour accomplir enfin, de la main gauche, la prophétie d'*Une saison en enfer* :

« Je reviendrai, avec des membres de fer, la peau sombre et l'œil furieux : sur mon masque, on me jugera d'une race forte. J'aurai de l'or : je serai oisif et brutal. Les femmes soignent ces féroces infirmes retour des pays chauds [1]. »

Son Harar, c'est d'abord dans le cinéma qu'il a cru le trouver, mais en vain. Cette renaissance n'était pas la bonne. Au tour du Brésil – dont il rapporte un rêve californien. Qu'on ne se méprenne donc pas sur l'enjeu de cet « écrit linéaire » : si Cendrars-Rimbaud s'est mis à l'école de La Fontaine, c'est afin de se ressourcer à la blessure et de *revenir*. Qu'il y soit parvenu, c'est une autre affaire. Lui-même en doutera vite. Mais dans le dépouillement du récit – cette autre blessure –, il a cherché, un moment, ce

1. A. Rimbaud, *Poésies*, Poésie Gallimard, p. 126.

que le cinéma lui refusait : une *alchimie du verbe*.

VI   UNE LÉGENDE DORÉE

L'APOCALYPSE SELON JOHANN

Après sa ruine, Suter se plonge dans la lecture de l'Apocalypse (*O*, p. 119). Le livre de Jean ne le quittera plus. C'est la « profonde connaissance » qu'en a Suter qui le rend célèbre à Litiz, lorsqu'il rejoint la secte des Herrenhütter dont c'est le seul évangile (*O*, p. 161), – du moins selon Cendrars qui invente le personnage de Johannès Christitsch et transforme la secte en une douteuse société secrète, ce qui lui vaudra une véhémente mise au point de la part d'un fidèle [1]. Sa vie, ses aventures et ses mésaventures, l'intrusion maléfique de l'or dans ses entreprises, Suter les commente désormais sur le mode prophétique, une « Russe extatique » couchée à ses pieds (*O*, p. 163), – une manie décidément chez lui.

Cette apparition de l'Apocalypse dans le récit est aussi brutale et peu préparée que celle de l'or, dont elle constitue le pendant mystique. L'une répond immédiatement à l'autre. Et elle retient d'autant plus l'attention qu'il s'agit d'un ajout original de Cendrars. A aucun moment, Birmann ne signale, en effet, une pente aux lectures pieuses chez l'aventurier. Or

1. Voir Dossier, p. 172-173.

Cendrars lui consacre une séquence entière (la 69ᵉ) et 7 mentions, directes ou implicites, dans les séquences environnantes. Cette passion de rechange, si insistante, comment en interpréter la venue et l'intention ?

D'abord, justement, comme une passion de rechange. Dans l'économie du récit, elle prend le relais de l'épopée terrestre et vient donner perspective au nouveau cours que prend l'idée fixe chez Suter : gagner « ses » procès. C'est là, de la part du conteur, un souci de relancer l'intérêt de son récit, que la litanie des actions judiciaires ne suffirait pas, à elle seule, à soutenir. Pourtant, nous l'avons vu, Suter n'est pas un bon sujet pour la mystique, pas plus qu'il n'était un amoureux plausible. Une marionnette ne se convertit pas. On peut changer le point d'ancrage de sa hantise, varier les manifestations de celle-ci, tirer autrement les fils. Mais comment faire accéder cette marionnette à une dimension spirituelle que sa formule d'écriture ne comporte pas ?

D'ailleurs, l'usage que fait Suter de l'Apocalypse tourne vite à la marotte. Et celle-ci démasque le personnage bien plus qu'elle ne le transforme : des prophéties, Suter fait une lecture superstitieuse, rigide, paranoïaque, vengeresse où il « s'embrouille » et que le conteur invite bientôt à mettre au compte d'un « détraquement » (*O*, p. 152, 164). Ce recours aux Écritures confirme, d'autre part, à l'autre bout de l'aventure, que Suter n'entretient avec le réel qu'un rapport indirect, intertextuel. C'est décidément un aventurier du signe. De même qu'il attisait sa soif de l'Ouest avec les « récits d'Indiens qui parlent d'un pays enchanté » (*O,* p. 31), voici qu'il rumine sa ruine en multipliant les exégèses. Ce besoin de modèles, paradoxal chez un révolté, finit par s'épancher dans le récit lui-même : la catastrophe qu'est la vie de Johann ne vérifie-t-elle pas les prophéties de Jean ? Ne réalise-t-elle pas les malheurs annoncés par son mystérieux homonyme, dans lequel il voit de plus en plus un double ? Entre le texte sacré et sa vie, la frontière se lève : « Je suis un des vingt-quatre Vieillards, et c'est parce que j'ai entendu la Voix que je suis descendu parmi vous » (*O,* p. 162). Faut-il aller plus loin ? *L'Or,* où se joue la fin d'un monde, n'est peut-être qu'une réécriture de l'Apocalypse, sa version californienne, si l'on veut. Plus qu'à éclairer l'itinéraire spirituel du personnage, les lectures de Suter serviraient alors à révéler l'art du conteur. Le merveilleux de la « merveilleuse histoire » que celui-ci propose au lecteur, n'est-ce pas de cette matière religieuse qu'il tire bonne part de sa formule et de ses effets ?

SOUS LE SIGNE DE VORAGINE

Si le conteur, dans la 30ᵉ séquence, se présente comme un copiste, ce rôle d'humble intercesseur n'est pas sans précédents dans l'œuvre de Cendrars, et il connote une intercession religieuse, en particulier dans les deux premiers grands poèmes. Dans *Les Pâques,* avant d'entreprendre une déambulation nocturne qui sera sa Passion à lui, le narrateur s'adresse au Christ :

« Un moine d'un vieux temps me parle de votre mort.
Il traçait votre histoire avec des lettres d'or » (*DME,* p. 15, v. 5-6).

Et de même, avant de prendre le Transsibérien pour vivre une autre Passion, le jeune « Blaise » se met d'abord à l'écoute :

« Un vieux moine me lisait la légende de Novgorode » (*DME,* p. 28, v. 16).

Le conteur de *L'Or* s'inscrit dans la chaîne de ces pieux intermédiaires et il prend la relève. Avec la même patience, le même souci de s'effacer devant ce qu'il transmet, les mêmes gestes rituels, il se transforme en vieux moine de sa façon pour son propre lecteur. L'analogie n'est pas superficielle : le récit est sous-tendu par un modèle d'écriture et de lecture que Cendrars détourne de la patrologie chrétienne. Ce modèle est celui de la *légende*.

Légende... Ce mot est, sans nul doute, un des mots clefs de l'imaginaire de Cendrars, mais sa polysémie est aussi redoutable que délicate sa définition. Pour reprendre un type de formule qu'il cultive volontiers, chez lui les légendes ne sont pas les légendes. S'il prend parfois ce mot comme un équivalent approximatif de rumeur, de mythe ou, carrément, de mensonge, il se montre ailleurs attentif à son étymologie et, plus encore, à l'emploi qu'il a pris dans les ouvrages des Pères de l'Église, qui composent la patrologie. C'est avec *la Légende dorée* de Voragine, une compilation de vies de saints, que le mot de légende prend au XIIIe siècle son emploi hagiographique [1].

1. Une édition courante de la *Légende dorée* est disponible en Garnier-Flammarion, trad J.-B. M. Roze, 1967, 2 volumes.

Si l'or de la *Legenda aurea* désigne, non pas la parure rhétorique, mais l'importance primordiale du contenu, la légende ne renvoie pas non plus à un récit fabuleux : *legenda* est ce qui doit être lu, ce qui demande une lecture et la mérite. Avec le recueil de Voragine, qui était évêque de Gênes, la légende chrétienne reçoit son nom et définit son canon : la fortune de cette formule d'écriture sera longue et considérable. Quant à Cendrars – ce qui peut surprendre –, il a été toute sa vie un lecteur assidu des Pères de l'Église.

Notre propos n'est pas ici d'interroger les convictions religieuses de Cendrars. Bornons-nous à rappeler ce qu'il répète de livre en livre : il n'a pas la foi. Reste que le domaine religieux, et surtout la matière patrologique, occupent une place considérable dans son œuvre et dans son atelier d'écrivain. Cet intérêt est précoce : le jeune Freddy Sauser s'est pris de passion pour une autre compilation : *Le Latin mystique* de Gourmont, au point de présenter ce livre comme sa « date de naissance intellectuelle » (*B*, p. 396). Il ne cessera plus de lire la *Patrologie* de l'abbé Migne (dont il assure acheter un volume chaque année pour une commémoration intime) et de fréquenter les mystiques : saint Jean de la Croix, Thérèse d'Avila, Angèle de Foligno. Aux éditions de La Sirène, qu'il dirige entre la fin 1917 et 1920, il lance une « Petite collection mystique » avec *Le Livre de l'Ami et de l'Aimé* de Raymond Lulle. Et le même éditeur publiera, en 1920, *Les plus belles fleurs de la Légende dorée,* « ornées de figures du temps », un superbe volume qui compile 21 des vies écrites par Voragine. Mais cette fascination touche aussi l'écrivain.

Pendant des années, Cendrars a rêvé du « grand plongeon dans la mystique » qui lui permettrait d'écrire un livre sur Marie-Madeleine. Mais le projet restera fantôme. Outre les innombrables références, allusions, citations, qui témoignent dans toute son œuvre de ce goût pour la littérature sacrée, il se fera l'hagiographe de deux saints spécialisés dans la lévitation, saint Joseph de Cupertino (*LC*, p. 35-268) et un sacristain chilien, auquel il consacre une de ses *Histoires vraies*, « Le saint inconnu ». C'est au sujet de ce dernier qu'il déclare :

« Je considère comme un privilège extraordinaire, pour un auteur qui n'a pas la foi, de pouvoir contribuer, à l'instar de Jacques de Voragine et de sa *Légende dorée*, aujourd'hui, à la formation d'une légende » (*OC*, III, p. 392).

Cette contribution, à vrai dire, est moins modeste que ne le donne à entendre Cendrars. Loin de se réduire à quelques récits de vies de saints, l'hagiographie, plus discrètement, a pris place au cœur de sa pratique du roman. *L'Or* en est l'exemple le plus accompli.

Ce Voragine – qui rime si curieusement chez lui avec Moravagine –, Cendrars lui a rendu un hommage d'écrivain à écrivain. Dans *Une Nuit dans la forêt*, « premier fragment d'une autobiographie », en 1929, il se place sous son signe : « tu agiras comme dans *La Légende dorée*, en sacrifiant tout sauf ton acte » (*NF,* p. 33). La formule est précieuse en raison même de son ambiguïté. Cet acte qu'il s'agit d'imiter, est-ce celui des martyrs ou bien celui de l'hagiographe ? Caractérise-t-il la vie des saints ou le récit qu'en tire Voragine ? L'originalité de la légende chrétienne – et cendrarsienne – est d'interdire d'opter entre ces deux interprétations, qui ne s'excluent pas mais s'enchaînent. La légende est le théâtre d'un double sacrifice, ou, pour parler comme Cendrars, d'un double foudroiement, qui frappe successivement l'aventure (si l'on peut dire) et l'écriture.

Au nom de la Passion et de l'Imitation, le saint – tout saint – est la victime de deux martyres distincts. La force de ses convictions lui vaut d'abord de subir un supplice des mains, par exemple, des séides de Dioclétien. Mourant pour sa foi, chacun des martyrs renouvelle à sa façon la Passion du Christ. C'est cette Imitation de la Passion que l'hagiographe donne *à lire* dans sa Légende et propose en modèle à une autre imitation : celle du lecteur. Son projet n'est en rien celui d'un biographe, qui tente de restituer la singularité irréductible d'une vie. Tout au contraire, l'hagiographe entreprend de faire surgir l'expérience impersonnelle qui traverse la vie du martyr pour l'affilier à une chaîne de témoins du Christ, comme le montre André Jolles :

« Cette vie – comme toute la légende – morcelle la "réalité historique" en éléments qu'elle investit ensuite, par soi-même, d'une valeur nouvelle – avant de les recomposer selon un ordre conditionné par ce caractère nouveau [1]. »

De là le martyre second, un martyre d'écriture, que, pour les besoins de l'édification, l'hagiographe inflige à la victime pour la changer en saint. Il équarrit sa vie aux dimensions requises, il la taille en légende afin d'y faire lire, en filigrane, un parcours commun et significatif, avec ses étapes (ou ses stations) obligées. Aux stigmates infligés par les bourreaux, Voragine ajoute donc, mais pour la bonne cause, d'autres stigmates aux vies de saints qu'il recueille, ceux d'une stéréotypie de l'aventure qui permet de reconnaître et de qualifier leurs mérites. Cendrars procède-t-il autrement ?

Comme saint Blaise – par exemple – dont Voragine raconte comment il fut décapité sous Dioclétien avant d'accorder son patronage aux maux de gorge, Suter est la victime de sa foi : sa foi dans l'ouest, si l'on veut. C'est pour elle qu'il subit son « martyre » (*O*, p. 163). Christitsch, « son mauvais ange », tient ici le rôle du bourreau auprès de Suter qu'il « montre », « expose » : « Il a déniché un vieil uniforme de général dont il l'a affublé, il lui a même accroché quelques décorations sur la poitrine. » Persécuté de bureau en bureau, sans cesse éconduit, objet de la risée générale, Suter mourra pour son idée fixe, victime des « gnomes » dans lesquels il voit l'armée des Justes (*O*, p. 165). Est-il besoin de souligner combien Cendrars s'intéresse peu au « vrai » Sutter pour ne retenir de sa vie qu'une trajectoire exemplaire ? La vie de son Suter à lui ne la martyrise-t-il pas, à son tour, au nom de

[1] André Jolles, *Formes simples*, éd. du Seuil, 1972, p. 38. Voir aussi Alain Boureau, *La Légende dorée*, Cerf, 1984.

sa propre idée fixe, qu'il inscrit dans la vie de l'autre pour l'y donner à lire ? L'analyse de Jolles, au-delà de Voragine, n'est-ce pas aussi du romancier de *L'Or* qu'elle vient nous parler ?

« Lorsque le déroulement d'une biographie est tel que le personnage historique ne forme plus un tout parfaitement délimité et achevé, quand elle le reconstruit sous des traits qui nous incitent à entrer en lui, la biographie devient légende [1]. »

1. A. Jolles, *op. cit.*, p. 39.

Prisonnier d'une Passion qui ne lui appartient pas, mais que le conteur-hagiographe configure en lui pour les besoins de sa cause, Suter est par deux fois victime de cette rhétorique de l'Imitation : ruiné par l'or, il lui faut aussi porter, comme une croix, la mythologie de l'échec grandiose chère à Cendrars, et il a charge de gagner le lecteur aux vertus de celle-ci. S'« il croit avoir été toute sa vie un instrument entre les mains du Tout-Puissant », au moins, ce n'est pas sans raisons d'écriture (*O,* p. 119).

Traité comme une vie de saint, effaçant le projet biographique au profit d'une Passion impersonnelle, *L'Or* est une légende et marque la contribution de Cendrars à *La Légende dorée*. Lui qui n'a jamais cessé de célébrer la modernité du Moyen Âge, et Villon par-dessus tout, s'est voulu, dès son premier roman, le Voragine de l'aventure moderne.

L'IMITATION DE LA BLESSURE

Aussitôt après *L'Or,* Cendrars s'efforcera de stigmatiser d'autres vies d'hommes illustres selon les exigences de sa hantise. Sa formule de roman hagiographique, il tentera, en particulier, dès 1926, de l'appliquer à une autre grande figure de l'histoire américaine, l'amiral John Paul Jones. De ce projet ambitieux, auquel il travaillera pendant de longues années, ne demeurent que quelques fragments publiés en revues, et notamment une préface, où il définit ainsi son entreprise : « J'intitule ce livre un roman, car il ne contient pas tant la biographie officielle de l'amiral John Paul Jones que ma propre autobiographie prêtée à un personnage historique » (*JPJ*, p. 34).

Cette entreprise, qui paraîtrait peut-être moins étrange si l'on remplaçait « roman » par « légende », est déjà celle de *L'Or*. Mais la notion que Cendrars se fait ici de l'autobiographie demande, elle aussi, à être mise au point. Au général Suter, le romancier « prête » incontestablement certains de ses traits. Sans grande peine parfois, tant le rapprochement s'impose entre ces deux Suisses de l'extérieur. Mal dans leurs cantons, peu disposés aux joies de la famille, ils se sont convaincus, une fois pour toutes, que « Quand tu aimes il faut partir » (*ACM*, p. 11), et le rêve et la vie, ils les démêlent aussi mal l'un que l'autre. Il ne fait guère de doute que Cendrars a joué sur ce double tableau et qu'il pousse son lecteur à saisir ces affinités. Mais il fait moins de doute encore que, pour lui, l'essentiel – l'essentiel de l'« autobiographie » – est ailleurs.

L'Or est et n'est pas un livre à clefs. C'est, plus exactement, un récit chiffré, ce qui, malgré les apparences, n'implique pas le même geste d'écriture. Qu'on le confonde avec ses personnages, ce qui arrive souvent tant la pression autobiographique de ses textes semble forte, Cendrars s'en agace :

« On ne voit plus qu'un seul personnage dans mes livres : Cendrars ! C'est pas malin. L'OR, c'est Cendrars. MORAVAGINE, c'est Cendrars. DAN YACK, c'est Cendrars. On m'embête avec ce Cendrars-là ! » (*BCVP*, p. 576).

Dans un entretien radiophonique avec Raymone sur *Le Panama*, il proteste à nouveau : « Je ne suis pas M. Suter, le général de *L'Or*. On a beau dire que c'est une histoire d'il y a cent cinquante ans, les gens s'imaginent qu'on s'est fourré dedans ! Pourquoi veux-tu que je me mette, moi, dans le livre du général Suter ? » (*OC*, VIII, p. 526). On aurait tort d'y voir une réaction de coquetterie ou une simple dénégation. Car c'est bien « ce Cendrars-là » qui l'agace, et non un autre, c'est ce Cendrars prisonnier de sa légende, mais cette fois au sens banal du mot. Faite d'aventure et de bourlingue, de mauvais coups et de petit blanc, cette légende-là, si elle l'irrite, c'est qu'elle est prise au pied de la lettre par trop de lecteurs, et sans que cette lettre soit examinée, et d'abord dans son étymologie. Car la légende est à lire. Non à consommer comme du vécu simplement transcrit. La vérité des événements n'entre pas ici en compte, pas plus que l'exactitude du portrait psychologique (et qui pourrait donc s'identifier à l'*homme* Suter ?). Si *L'Or* est un roman autobiographique,

« Enfin c'est la paix.
Une nouvelle ère
commence. Johann August
Suter va enfin pouvoir
jouir et se réjouir de
ses richesses »
Portrait de Suter.
Fonds B. Cendrars.
Ph. Bibliothèque Nationale suisse.

Signature du général Suter.
Fonds B. Cendrars.
Ph. Bibliothèque Nationale suisse.

c'est parce qu'il est écrit au chiffre de la blessure, qui témoigne d'une révélation aussi capitale mais aussi impersonnelle qu'une initiation.

Avec l'amputation de sa main droite, Cendrars a fait les Pâques qu'il attendait, au moins depuis... *Les Pâques* : il est mort et il est ressuscité, à l'Imitation du Christ (mais sans la foi chrétienne) ou de Lazare, auquel *L'Homme foudroyé* est dédié. Cette expérience, « banale au XIe ou au XIIe siècle », mais « inattendue chez un poète qui n'a pas la foi » (*HF*, p. 201), fait le cœur de son œuvre de gaucher. Ne la livrant jamais entière et jamais directement, mais toujours par figures et par fables, Cendrars l'a vécue comme une Passion. A son tour, comme un moine des temps nouveaux, il cherche à la transmettre, par voie d'écriture, aux lecteurs avides eux aussi d'une vie nouvelle, mais désespérant de découvrir le lieu et la formule. Avec Suter, Cendrars cherche à *faire parler la foudre*.

C'est pourquoi le projet de Cendrars n'est pas autobiographique (même masqué) mais bien hagiographique : il s'agit de faire communier l'autre, le lecteur, à la source d'une blessure de vie, et de mettre au point, pour y parvenir, une formule d'écriture mythique, une *alchimie légendaire*, dont la visée est aux antipodes de la confession narcissique ou de la littérature de divertissement. D'où les grandes orgues de la « notule » sur le roman français, écrite en 1929 [1], ou cette si étrange préface à *John Paul Jones*, éloquemment intitulée « Touchez du doigt », et dont l'élan prophétique s'appuie sur l'expérience secrète :

---

1. Voir Dossier, p. 179-180.

« Je n'ai pas trouvé d'autre formule pour raconter la vie d'un homme, ses contradictions, sa grandeur, ses faiblesses, son échec, ses luttes, les influences contraires de sa destinée, les conjugaisons du hasard ou de la fatalité, ses amours, ses itinéraires et ses aventures, son triomphe, ses maladies, ses exploits, les mille écarts de sa conduite, sa solitude, son audace, ses hésitations, ses heurs et malheurs, tristesses et joies, en un mot, sa passion. Et je ne pouvais trouver d'autre formule, car on ne peut pas raconter d'autre vie, que la sienne propre. » (*JPJ*, p. 34-35).

LA BLESSURE DE L'IMITATION

Changer une vie en légende, c'est la marquer au chiffre de la Passion. Les biographies sont encloses et solitaires : ce sont des vies séparées, qui n'accèdent pas au sens. Grâce à l'intervention de l'hagiographe, qui les requalifie, elles se mettent à communier les unes avec les autres. Suter, l'homme le plus seul du monde, est ainsi rendu à la commune blessure. Sa vie a été deux fois blessée afin qu'elle surmonte la fatalité du temps linéaire mais aussi le malheur de la division : rebroussant le temps, victorieuse de la mort, elle s'ouvre à la palingénésie ; et débordant les limites de l'existence individuelle, elle peut désormais transmigrer d'une époque à l'autre, d'un corps à l'autre, d'un nom à l'autre. Les vies sous patronyme, la légende les rend pseudonymes entre elles. Elles qui étaient étanches, voici qu'elles s'épanchent à présent.

Suter n'est pas Cendrars, en effet, mais, dans l'imaginaire de l'écrivain, ils sont l'un et l'autre les avatars d'une aventure impersonnelle qui a traversé leur vie pour les déposséder et les initier. Mais c'est au conteur, bien sûr, de faire témoigner son héros. Il s'y emploie en hagiographe alchimiste.

Extraire une légende d'une vie singulière, n'est-ce pas tenter le Grand-Œuvre à son tour ? C'est changer en or une boue de dates, d'événements, de sensations et de « détritus innommables » (*O*, p. 166). Et, du même coup, entreprendre de surmonter la malédiction qui, dans le roman, pèse sur l'or. A l'or injuste que vitupère Suter, et qui n'est qu' « ordures » (*ibid.*), le romancier oppose l'or juste – l'or justifié – de son écriture. C'est la légende qu'il charge de rémunérer le défaut d'une vie, comme elle rédime les défauts d'un homme.

L'alchimie légendaire a chez Cendrars sa formule, qu'il garde secrète, comme il se doit. Transmuer la vie de Suter en légende revient à la faire communier à l'expérience de Méréville. Ce qui change cette histoire en merveille, c'est, littéralement, d'être une Imitation de Méréville. Cette « histoire merveilleuse », il s'agit ensuite de la transmettre au lecteur, comme on passe un témoin, et de l'inviter à son tour à la communion anonyme. De là une *poétique de la merveille*, qui procède à l'osmose et à la métamorphose du propre et du commun.

Par exemple dans la double numérotation qui jalonne *L'Or*. Au dernier chapitre, Cendrars fait mourir Suter à soixante-treize ans (*O*, p. 169). C'est une erreur manifeste puisqu'il précise lui-même que Suter est né le 15 février 1803 (*O*, p. 17) et mort le 17 juin 1880 (*O*, p. 167), donc à soixante-dix-sept ans. Simple confusion de chiffres ? Suter meurt, en effet, dans la 73ᵉ séquence du récit. Mais ce lapsus, s'il s'agit bien d'un lapsus, est de ceux qui révèlent. N'est-il pas tout naturel que Suter, dépouillant sa biographie officielle pour une vie légendaire, tire d'elle ses mesures nouvelles ? Il a vécu 73 séquences, voilà tout. En passant de 77 à 73, on quitte simplement l'histoire pour la merveille, et Sutter pour Suter. Et cette merveille l'attend encore à la dernière séquence qui compose à elle seule le dernier chapitre : le XVII-74.

Depuis l'été 1917, le chiffre 17 est devenu le chiffre de la renaissance chez Cendrars. Sa venue si fréquente dans ses textes ultérieurs joue toujours comme un signal. Cendrars inverse ainsi la superstition qui attache une valeur maléfique à un chiffre qui, par exemple, est souvent tabou en Italie. L'origine de ce maléfice viendrait, dit-on, de la graphie latine : XVII cache VIXI, *j'ai vécu*, autrement dit *je suis mort*. Ce chiffre de mort, Cendrars en a fait son chiffre de vie. Il sait bien lui que XVII renverse VIXI comme une anagramme, et que la réversibilité est le début de la renaissance. Dès lors, circonscrire les 73 séquences de la vie de Suter dans XVI chapitres, c'est faire du XVIIᵉ et dernier une promesse de résurrection. C'est en appeler au martyr suivant *par effet de structure* et chercher à lui passer la blessure comme on passe un témoin, pour enrichir le légendier : « Qui veut de l'or ? »

Car, enfin, comment s'y tromper ? En raison même de sa formule, *L'Or* était voué à entraîner à sa suite toute une *Légende dorée*, à l'émulation de Voragine. C'est ce que promet déjà le sous-titre du roman, dont Cendrars avait fait son premier titre avant de le remplacer à la demande expresse de Grasset, qu'effrayait la longueur de « La merveilleuse histoire du général Johann August Suter. » Pensez donc ! Un titre de *17 syllabes* [1]...

1. Voir Dossier, p. 156-157. En bonne métrique, on compte ici le *e* muet.

Un regret au passage. L'édition originale, de même que toutes les éditions publiées du vivant de Cendrars, est accompagnée d'une « Table » détaillée. Les chapitres pas plus que les séquences ne comportant de titres, cette Table est faite des incipit : ces phrases de début ou ces débuts de phrases, ainsi mis bout à bout, composent une version brève du roman, une sorte de microcosme de l'aventure, qui la répète, la multiplie et déjà, d'une certaine façon, la relance. Dans son édition actuelle, « Folio » ne l'a pourtant pas reprise. Espérons que le prochain tirage restituera au roman cette Table singulière qui, à l'évidence, participe du dispositif légendaire.

L'osmose du propre et du commun passe, enfin, par le nom. L'auteur pseudonyme se sépare ici de son personnage, si attaché à relever les pouvoirs traditionnels du patronyme : l'origine, l'identité, l'autorité, la propriété. Cendrars s'en prend, lui, au propre du nom propre : son absence de signification, qui le met à l'écart du commun des noms et lui permet d'y faire la loi. Cendrars touche à ce privilège : le faisant signifier, le forçant à rendre sens, il contraint le nom propre à communier avec l'ensemble du lexique. Il tire l'or du nom et le rend, à son tour, légendaire.

"JOHANN AUGUST SUTER"

Comment Cendrars nomme-t-il son héros ? *Suter*, le plus souvent. Exceptionnellement : *Johann* ou *Johann August*. Mais ce qui frappe, c'est l'extrême fréquence avec laquelle le nom est déployé dans la majesté plénière de ses six syllabes : « Johann August Suter » est répété plus d'une cinquantaine de fois. C'est là une marque d'énonciation épique (le nom lui aussi est à la parade). Mais, à force d'être exhibé comme un étendard ou une affiche, le nom finit par tirer l'œil sur lui-même. Et il se met à parler. Le voici à l'étymologie de l'aventure, comme si tout entière elle se déduisait de lui. Ou, à l'inverse, comme si elle était passée en lui.

Cet *August*, comment ne pas convenir, en effet, qu'il était destiné à devenir un « empereur » (*O*, p. 112) ? Son nom l'indique, et, quand on les fait parler, les noms ne mentent pas. Et n'est-ce pas également cette souricière du nom qui fait fatalement basculer l'empereur en clown ? Un gugusse, cet Auguste, « avec son grand corps mou, ses pieds qui se traînent dans des bottes éculées, sa redingote tachée et saupoudrée de pellicules, sa grosse tête chauve qui branle sous son feutre défoncé » (*O*, p. 157) et qu'on applaudit quand il « fait esclandre » (*O*, p. 165). C'est ici que *Johann* offre son recours : cet autre Jean, comment ne s'approprierait-il pas l'Apocalypse, jusqu'à la signer de sa vie ? Et son procès, lorsqu'il entre dans la secte des Herrenhütter, c'est tout aussi naturellement qu'il le confie au conseil des « Sept Vieillards Johannites » (*O*, p. 160). Quant à *Suter* lui-même, il suffit de le rendre à sa propre origine et de le prononcer *Souter*, à l'helvétique, comme faisait Cendrars, pour qu'il prenne texte. Les vauriens dont la mauvaise farce abat le général sont comparés à des « gnomes » (*O*, p. 165). Or les gnomes, *Robert* le rappelle, sont ces petits génies qui, « selon le Talmud et les Cabalistes, président à la terre dont ils gardent les trésors ». Ils interviennent ici comme les instruments d'une vengeance mythologique. Et lorsque l'action de leur justice est éteinte, l'ombre du Congrès « recouvre » le cadavre du général, comme s'il rentrait enfin *sous terre*, à la place de cet or qui, sans sa faute, n'en aurait jamais été arraché (*O*, p. 168).

Tous les chemins du nom mènent à la légende. Le nom flamboyant que Cendrars a choisi contre la graphie officielle de Sutter, et dont il scande son récit jusqu'à l'incantation, « Johann August Suter », ne se compose-t-il pas de 17 lettres ?

VII   "QUI VEUT DE L'OR ?"

LE LIEU ET LA FORMULE

1. Voir Dossier, p. 179-180.

A un journaliste qui lui demande, en 1929, de présenter *Le Plan de l'Aiguille*, Cendrars réplique par un véritable manifeste [1]. A la 3e personne du singulier, et sans faire la moindre allusion à son nouveau roman, il propose un Art poétique miniature où, sur le mode manifestaire, il détermine les directives du roman à partir d'un constat initial : « La modernité a tout remis en question. » Le bouleversement de l'époque a entraîné un bouleversement de l'individu, que seule la « formule du roman » peut développer et accomplir. De là une tâche proprement historique : « Depuis quelque cinq ans, le roman français sert dans le monde à la mise au point du nouveau régime de la personnalité humaine » (*A*, p. 179).

Cinq ans, en 1929, cela ramène à 1924, date à laquelle Cendrars, en écrivant *L'Or*, est devenu romancier. Inutile de consulter plus longuement l'histoire littéraire : le manifeste est en miroir. Reste qu'il se veut messianique et que la « formule » assigne au romancier une mission grandiose : celle d'accoucher la modernité, en cette fin des années 20. Aussi peu frivole que *La Légende dorée* de Voragine, le roman légendaire selon Cendrars travaille à l'édification d'un homme nouveau. Bel enthousiasme ! Et pourtant, malgré un programme aussi ambitieux que prometteur, les deux volumes de *Dan Yack*, qui paraissent presque simultanément, ne seront suivis que d'un seul et dernier roman : *Rhum*, en 1930. Au cours des années 30, Cendrars se tournera de plus en plus vers le journalisme de grand reportage et les « histoires vraies », des nouvelles autobiographiques. Et si la Drôle de Guerre le laisse « stupide » au point de cesser d'écrire pendant trois ans, c'est à ses Mémoires qu'ensuite il se consacre. Il ne reviendra au roman qu'au début des années 50 pour écrire, difficilement, *Emmène-moi au bout du monde !*..., qui n'a plus rien à voir avec la poétique mise en chantier avec *L'Or*, vingt-cinq ans auparavant.

Un programme grandiose brusquement interrompu après *Rhum*, le moins réussi de ses romans : cette succession brutale d'une acmé et d'une déconfiture rappelle inévitablement l'histoire de Suter. L'avertissement du général était pourtant lourd de menaces pour le conteur : « L'or porte malheur ; si j'y touche, si je le poursuis, si je revendique ce qui m'en revient de plein droit, est-ce que je ne vais pas être maudit à mon tour [...] ? » (*O*, p. 126). La « formule du roman » a-t-elle été une promesse non tenue ? Dans la réussite fragile de *L'Or*, se perçoit déjà ce qui mine le projet hagiographique et va le condamner à rester sans suite.

Mario de Andrade, un des amis brésiliens de Cendrars, et un des chefs de file du mouvement moderniste, a très vite compris quelles étaient les contradictions de cette formule romanesque. Sur la page de faux-titre de son exemplaire de *L'Or*, il a noté au crayon ce petit commentaire acide :

« L'effort pour devenir simple est louable. Mais maintes fois Cendrars a confondu le simple avec le banal. Défaut déjà entrevu dans *Feuilles de route*. A certains moments, comme au début du IIe chapitre, Cendrars imite carrément les mauvais romanciers, ce qui n'est pas exactement la manière de faire de bons romans – des lieux communs inutiles [1]. »

La légende, toute légende, conduit nécessairement à la stéréotypie. La poétique est ici au service de l'idéologie. Ces saints ou ces héros qui échangent leurs blessures et dont les mérites s'entre-glosent, c'est de se répéter qui fait leur grandeur. Leur prouesse est anonyme. Mais cette grandeur de l'Imitation, si elle les qualifie, est exactement contraire à ce qui fait la modernité d'une écriture : par pente nécessaire, la communion conduit au lieu commun.

Non seulement Cendrars ne l'ignore pas, mais il a voulu en courir le risque. L'« histoire merveilleuse » du général Suter, il l'a voulue exemplaire. C'est le paradoxe de cette aventure si exceptionnelle : Cendrars l'a dépouillée délibérément de tout ce qui pouvait la faire percevoir dans sa singularité. C'est, en quelque sorte, une biographie abstraite, un modèle de vie pour tous, non pour un. Or cette rencontre entre un personnage édifiant et des lecteurs à édifier, où aurait-elle lieu, sinon, justement, dans un lieu commun ? Tout ce que nous avons rencontré sous le signe du linéaire, de l'allégorique, du légendaire, concourt à une écriture du partage. Or l'arrêt sur le

---

1. Le volume est conservé à l'Institut d'Études Brésiliennes de l'Université de São Paulo. Traduction de Maria Teresa de Freitas.

signe, les recherches formelles, le parti pris du texte contre l'intrigue, tout cela sépare et doit être effacé. Tel est le dilemme auquel est confronté l'hagiographe, du moins dans une perspective de modernité : ce qui fera le mieux recevoir une aventure exceptionnelle, c'est une écriture déjà reçue. C'est par le déjà lu que Cendrars veut accréditer l'inouï.

Pour apprivoiser le lecteur à son premier roman, Cendrars multiplie les signes de piste et les jeux de connivence. Ce qui le pousse vers la forme de la légende, c'est qu'elle appartient à tous. Chacun en perçoit la démarche et en éprouve le charme, même s'il ne parvient pas à la nommer. Pour séduire le lecteur à ce qu'il veut lui faire lire – sa *Légende dorée* du moderne –, Cendrars multiplie donc les effets de reconnaissance. L'aventurier, le conteur et l'écrivain se rejoignent ici : ce sont tous des compilateurs. S'ils créent, c'est par greffes. Cendrars travaille sur des paroles qui circulent déjà.

L'avant-gardiste qu'il a été (et, par son goût de l'expérimentation, restera toujours) ne doit pas faire oublier qu'il fut aussi un amateur passionné de romans-feuilletons. *Moravagine* fut conçu comme une suite à *Fantômas*, et devait d'abord compter... 18 volumes ! Cendrars fut aussi l'ami de Gustave Le Rouge, qui serait peut-être oublié sans l'hommage éclatant que lui a rendu *L'Homme foudroyé*. Il y tient *Le Mystérieux Docteur Cornélius* pour « la somme du roman du XIXe siècle » (*HF*, p. 208). Très tôt, il a pris le goût de la culture populaire, en se passionnant pour la *Géographie universelle* d'Élisée Reclus, l'*Astronomie popu-*

laire de Camille Flammarion ou encore les ouvrages du naturaliste allemand Ernst Haeckel. Et ce goût, qu'il ne perdra jamais, est sensible dans *L'Or*.

Dans ce western métaphysique traité à la manière du Douanier Rousseau, chacun retrouvera une part de son enfance : un travail à la fresque, une tapisserie, un « illustré », un film d'aventures, des souvenirs de Jules Verne ou d'Alexandre Dumas, des images d'Épinal. C'est un plaisir de genre, un plaisir au genre que sollicite Cendrars, comme celui qu'on prend à un roman policier ou, naturellement, à un western. Un plaisir qui peut se suffire à soi seul, mais qui peut s'accroître par le second degré (ce qui explique sans doute le succès du roman auprès de publics très divers). Les « gais compagnons » (*O*, p. 19), le franciscain « miné de fièvre » (*O*, p. 53), « la suprême incursion des sauvages irréductibles » (*O*, p. 73), « les suites terribles et les répercussions fatales » (*O*, p. 86), Suter et sa « grande taille de chef » (*O*, p. 119), et combien d'autres de la même frappe, sont autant d'expressions bien cuites, qu'on ne s'étonnerait pas de rencontrer dans un roman de Le Rouge et qui servent ici à orchestrer, sur mesure, une esthétique du cliché, qui ne répugne pas non plus aux scènes à faire.

Suter « à l'ombre d'une treille d'Italie et caressant son chien préféré » (*O*, p. 75), l'arrivée d'Anna Suter (*O*, p. 115-116), le père Gabriel contemplant l'incendie de l'Ermitage (*O*, p. 144-145), Marchais pendu à son figuier (*O*, p. 147) : autant de scènes qui se figent pour prendre la pose, comme des chromos, non sans clin d'œil du conteur. *L'Or* est un récit naïf exprès, autrement dit, un texte très rusé et même roué.

Ce jeu avec les modèles est un jeu avec le feu. Si le palimpseste n'est pas perçu, si la présomption d'humour échappe au lecteur (ou si celui-ci carrément la dénie), l'entreprise court de grands risques. Dans le meilleur des cas, le lecteur concédera avec Delteil que Cendrars écrit « avec une sécheresse, une froideur incroyable » et qu'il a « horreur de la poésie et de la littérature [1] ». Moins bienveillant, il jugera comme Mario de Andrade que le récit, par moments, s'englue dans les stéréotypes. Mais tous en conviendront : une pareille performance ne se répète pas sans dommage.

1. Voir Dossier, p. 187-188.

UN MAUVAIS FILON

Et pourtant, comme celui de Voragine, le légendier de Cendrars ne demandait qu'à s'accroître de nouvelles histoires merveilleuses : leur commune démarche d'écriture est résolument sérielle. Récits de vies, séries de vies sont pour eux des opérations converses. Et, qu'on nous passe l'anachronisme, série est à prendre ici dans son emploi télévisuel. Une note manuscrite de Cendrars révèle qu'il a songé, dans la foulée de son premier roman, à écrire *L'Or II* et *L'Or III*... A part l'opportunisme que dénotent ces titres à la chaîne, on ne sait rien de ces projets d'un instant.

Le panthéon de Cendrars aurait pu s'enrichir d'autres grands hommes détournés de leurs devoirs biographiques, et convertis par force à sa mythologie de l'échec. De son premier voyage au Brésil, il revint avec le projet d'écrire une vie de Francisco Lisboa, dit l'Aleijadinho, grand sculpteur et architecte baroque du XVIIIe siècle, dont Cendrars avait découvert les chefs-d'œuvre en compagnie de ses amis modernistes, au cours d'une visite des villes historiques dans l'État du Minas Gerais. La basilique de Congonhas, en particulier, l'avait fasciné. Ce « petit estropié » (c'est le sens de son surnom), dont les membres étaient rongés par la lèpre, et qui se faisait attacher burin et marteau sur ses moignons, on comprend bien pourquoi Cendrars rêvait de l'associer à la commune blessure. Mais, comme tant de projets chez lui, le livre ne sortira pas des pages de garde « du même auteur ». Un *Modigliani* fut également annoncé chez Grasset, dans la collection « La Vie de Bohème », en 1929. Rien n'indique que Cendrars ait écrit, à cette occasion, la moindre ligne sur celui qui fut son ami.

Plus tard encore, à la fin des années 30, Paul Laffitte, l'ancien patron des éditions de La Sirène qui l'avait appelé auprès de lui comme directeur littéraire, revenant à l'édition, lui commanda un *Villon*, ce qui permit pour l'essentiel à Cendrars, nous le verrons tout à l'heure, de prendre un virulent et définitif congé de la « formule du roman ».

Près de ces livres fantômes, trois projets furent effectivement mis en chantier, et un seul mené à terme, sinon à bien, *Rhum*. Nous avons déjà fait allusion à *John Paul Jones ou l'ambition*, un projet conçu dans le droit fil de *L'Or*. Cendrars le met en œuvre dès 1926, au cours de son deuxième voyage au Brésil. Mais la mise en légende du pirate écossais s'avérera beaucoup plus épineuse que celle de l'aventurier suisse. La « biographie officielle » de John Paul Jones, personnage historique fort connu aux États-Unis, résistera beaucoup plus aux coups de ciseaux du légendaire, si bien que, malgré plusieurs tentatives, et vaincu par l'abondance des archives autant que par les contraintes répétitives de la formule, Cendrars n'achèvera pas son « livre pour l'Amérique », sur lequel il comptait beaucoup pour assurer sa réputation internationale – et faire de l'or au cinéma...

Moins connu que le précédent, et assurément de moindre enjeu, le projet de *L'Argent*, en 1934, témoigne d'un cynisme tranquille (*IS*, p. 413-428) [1]. Dès son titre, il fait voir que Cendrars cherche à exploiter à nouveau un filon qui lui a bien réussi par le passé. Son sous-titre, « Histoire mirobolante de Jim Fisk », comme les fragments conservés de ce roman, confirment que Cendrars frôle ici l'autopastiche. Il y tombera en écrivant *Rhum*, qu'il considérait lui-même, lucidement, comme son « plus mauvais » livre.

Plus encore qu'un remake, *Rhum* est une caricature de *L'Or*. Une confrontation des deux récits serait édifiante, si l'on ose dire, à cet égard : elle ferait comprendre pourquoi Cendrars a abandonné une pratique d'écriture qui, en raison même de ses principes, tournait à la recette. Ce qui fait la force de *L'Or* – son rythme, son allusivité – est ici dénudé : Jean Gal-

---

1. Nous reproduisons la table des matières de ce roman dans le Dossier, p. 182-183.

mot est inlassablement et explicitement comparé à Don Quichotte, c'est un « raté de génie » dont l'aventure est « magnifique et misérable ». La forêt de Guyane, naturellement, le « hante », et le monde entier, jaloux de son ascension « foudroyante », se conjure pour l'abattre : il accède alors à une « vie irréelle », et, après son assassinat, tout s'achèvera par un procès... Avec *Rhum*, tiré de l'actualité (Cendrars a rencontré et publié Galmot à La Sirène), l'hagiographie romanesque montre sa corde et ses ficelles.

« Comment vivre sans inconnu devant soi ? » demande René Char. C'est par fatigue, n'en doutons pas, que Cendrars a renoncé à multiplier des récits de vies si pareillement calibrées, si parfaitement destinées à remplir un même contrat d'écriture. Par fatigue et par modernité. Après *L'Or*, toutes les légendes de Cendrars sont victimes d'un tragique second : le tragique d'une trajectoire répétitive, qui les voue à un déroulement immuable dans l'enchaînement de ses figures imposées aussi bien que dans sa destination... « Comme il était maladivement épris de justice, il ne pouvait pas réussir » (*JPJ*, p. 33). Puisque, dès la préface de *John Paul Jones*, tout est dit, le roman n'est-il pas subsidiaire ? Un pas de plus, et le voilà superflu. Par un choc en retour de la formule, la Passion du héros conduit à une Passion du romancier.

L'alchimie de la blessure, qui est au cœur du projet romanesque, s'est peu à peu dévoyée dans une écriture du prêt-à-foudroyer. Et cette assomption du stéréotype s'est retournée contre la merveille.

Après *Rhum*, la cause est entendue : « le lieu et la formule » sont ailleurs [1].

<small>1. Cf Rimbaud, « Vagabonds », in *Illuminations*.</small>

"L'OR EST UN LEURRE"

Intrigué par le personnage mystérieux de Caramurù, un Blanc qui vivait déjà au Brésil quand les Portugais y ont débarqué, Cendrars interroge un capitaine de corvette, qui lui révèle quelques secrets du vocabulaire tupi avant de le chambrer un peu : « Je suppose que vous n'allez pas écrire une vie romancée comme il est de mode à Paris » (*Br*, p. 52). Lorsqu'il écrit ce texte, en 1951, la blessure du romancier n'est pas encore tout à fait cicatrisée. Mais l'amertume de Cendrars perce surtout dans deux autres textes, qui reviennent sur la « formule » pour en réfuter la poétique.

La plus directe – la moins indirecte – de ces autocritiques apparaît dans « Sous le signe de François Villon », en 1952, mais le texte, passionnant à bien des égards, remonte à 1938. Invité par son vieil ami Paul Laffitte à écrire une vie de Villon, Cendrars se livre à un réquisitoire en règle contre les deux versants du genre, les Vies romancées et les Romans historiques, « car il est bien connu que la vérité historique coupe les ailes au romancier, ou ses ficelles, et détraque tous ses effets » (*SSFV*, p. 58). La biographie et le roman qu'il avait tenté d'unir sous le signe de la légende, s'il les dissocie désormais, c'est en parfaite (et douloureuse) connaissance de cause :

« [...] un roman est l'expression d'une conception héroïque de l'existence et c'est pourquoi le héros d'un roman est toujours aux antipodes des contingences de la vérité historique telle que les érudits, ces détectives scientifiques, ces policiers bertillonneurs de l'histoire, mais aussi ces saint-Thomas qui ne croient pas à la vie et à la résurrection, conçoivent cette vérité... » (*ibid.*).

Cendrars, certes, *parle d'or*... Et, poussant la logique de son ancienne formule jusqu'à son point d'humour, il en vient à proposer à la place, « en trois chapitres » de sa vie, ses rencontres avec Villon, et en somme une Vie à vide, une sorte de biographie du biographe, qu'il nomme Prochronie. Puisqu'il s'agit toujours de déceler le même dans l'autre, à quoi bon multiplier les écrans ? Au lieu de changer la biographie en légende, c'est l'autobiographie qu'il faut ouvrir au mythe. Et le projet des Mémoires s'annonce déjà ici : « Si je parle beaucoup de moi, croyez-le, c'est pour pénétrer le plus avant possible dans la conscience du poète, ce miroir magique et la seule représentation du monde, des hommes et de l'univers. Il ne s'agit donc pas seulement de moi dans ce « Je » (*SSFV*, p. 67).

Mais l'autre réfutation, plus oblique, plus sourde, est également plus radicale. Elle s'insinue dans « La Tour Eiffel sidérale », qui dialogue si souvent, à fleurets mouchetés, avec *L'Or* (*LC*, p. 280-290). Et sous couvert de... monoculture. Dans « Le principe de l'utilité », écrit, nous l'avons vu, juste avant *L'Or*, Cendrars décèle chez l'homme contemporain un « besoin de simplification qui tend à se satisfaire par tous les moyens » (*A*,

« Vers le milieu du mois de janvier 1848, Mr. Marshall de New Jersey, mon charpentier pour la construction de mes moulins, travaillait à ma nouvelle scierie de Coloma, en haut, dans la montagne, à dix-huit heures du fort. »
Le moulin Sutter, ou James Wilson Marshall, construisant une scierie pour John Sutter, vit scintiller des particules d'or. Ph. Coll. D.I.T.E.

« Du sommet de ces montagnes, je voyais tout l'immense pays que j'avais fertilisé livré au pillage et aux incendies. »
Extrait du film : *Der Kaiser von Kalifornien*. Mise en scène de Trenker, 1936. Ph. © Deutsche Institute für Filmkünde, Frankfurt.

p. 170). Dans cette « monotonie artificielle », qui envahit le monde entier, il voit « le signe de notre grandeur ». Elle triomphe dans le paysage, dont l'économie séculaire est bouleversée par la monoculture. Cendrars, pour qui cette « expression d'une unité » est au principe même de la modernité dans tous les domaines, en fait un vibrant éloge.

Vingt-cinq ans après l'enthousiasme de 1924, le changement de ton est radical. Cendrars dénonce sans nuances les résultats catastrophiques qu'a provoqués cette application de la raison à la vie des hommes. Un gigantisme inhumain règne désormais partout, aussi bien dans le domaine politique (où il renvoie les deux Grands dos à dos) que dans celui de l'économie. Les enfants de la monoculture ce sont les robots, dont l'anus éjecte « des rondelles d'or en série, nettes, astiquées, brillantes, hypnotiques, exactement calibrées et du même poids : l'Unité » (*LC*, p. 286). D'où une question, très précisément datée : « Qu'en reste-t-il depuis vingt-cinq ans ? » et une condamnation sans appel : parce qu'il est l'étalon et le symbole de cette monstruosité, « L'OR est un leurre. » La formule, à tous points de vue, est remarquable.

Ce portrait de l'artiste en économiste politique surprendrait chez Cendrars, s'il ne donnait une perspective analogique inattendue au parallèle, qu'il dresse, un peu plus loin, entre ses pratiques successives d'écrivain. *L'Or*, « écrit linéaire », comme nous savons, est « exactement le contraire du mode d'écriture polymère ou polymorphe mais semblablement universel » qu'il utilise désormais (*LC*, p. 443). Tous deux fondés sur un écart de vingt-cinq ans, utilisant le même lexique, les deux parallèles entrent en proportion et surtout en polémique secrète. Cendrars ne condamne jamais directement son roman, mais il laisse au « lecteur inconnu » le soin de déduire que la formule de *L'Or* fut sa contribution à l'engouement de toute une époque pour la monoculture, dont il tenta, pour sa part, d'infuser le principe parmi les signes. De cette tentative de monoculture romanesque, aujourd'hui, discrètement, il se désolidarise. Il s'était trompé de modernité. Finies les années hagiographiques. L'heure n'est plus aux clonages d'écriture.

RETOURS DE MANIVELLE

L'adaptation de *L'Or* au cinéma est à l'image des relations passionnelles de Cendrars avec le cinéma. Son histoire longue et mouvementée n'est qu'une suite d'occasions manquées, un « inassouvissement pharamineux des désirs » (*NF*, p. 40). Sans une Passion du cinéaste, la trajectoire n'aurait pas été complète.

Tout commence pourtant bien. Dès 1926, paraît la traduction anglaise de ce roman écrit pour le cinéma, avec son découpage en séquences, ses gros plans, ses scènes à faire, qui le tirent déjà vers le scénario. Avec *Sutter's Gold*, Cendrars dispose de l'indispensable passeport pour Hollywood, son rêve de Californie à lui, qu'il célébrera plus tard comme « La Mecque du cinéma » (*OC*, IV, p. 385-467).

Des négociations s'engagent vite, mais elles traînent. « Les approximations et inexactitudes historiques n'ont strictement aucune importance. L'impardonnable manque, c'est l'amour [1]. » Qu'à cela ne tienne. En novembre 1926, Cendrars riposte par de minutieuses « Suggestions pour une intrigue féminine à intercaler dans l'adaptation cinématographique de Sutter's Gold [2] ». Cette adaptation, affirme-t-il, il l'a toujours eue « en vue » et s'il n'a fait qu'esquisser ses personnages féminins, c'est pour ne pas empiéter sur la liberté du metteur en scène... Il se présente lui-même comme ayant une longue expérience du cinéma qui le qualifie pour faire tout le scénario ou collaborer au découpage. Si la langue (et, tout de même, les références !) ne faisaient pas obstacle, on devine qu'il proposerait de faire la mise en scène lui-même.

En 1928, un accord est conclu entre les éditeurs (Grasset et Harpers and Brothers) et l'Universal. Il faudra pourtant attendre encore huit ans pour que le film soit réalisé. Entre-temps plusieurs tentatives de grande envergure auront tourné court. Les cinéphiles, avouons-le, ne se consoleront jamais de l'avortement de celle de S.M. Eisenstein. En 1930, le cinéaste russe se prend de passion pour *L'Or* et rédige un scénario complet qui, malheureusement, ne trouvera pas son financement à Hollywood. Selon Jay Bochner [3], son traitement du sujet aura été jugé trop pessimiste pour les États-Unis.

D'autres grands noms circuleront ensuite. Ceux de Howard Hawks et William Wyler pour la mise en scène. Celui

[1]. Miriam Cendrars, *Blaise Cendrars*, op. cit., p. 609.

[2]. Voir Dossier, p. 191-198.

[3]. Cité dans le Dossier p. 198-200, et dont nous tirons ici nombre d'informations.

de William Faulkner pour le scénario. Ceux de Charles Laughton et de... Greta Garbo. C'est finalement le médiocre James Cruze qui tirera du roman un film sirupeux, avec le médiocre Jack Arnold dans le rôle de Sut(t)er. La première aura lieu le 25 mars 1936 à Sacramento, qui est alors la capitale de la Californie. Un Sutter's Day est proclamé à cette occasion. Mais, en dépit d'un intense lancement publicitaire, auquel Cendrars apporte le concours de sa plume, l'évidence s'impose à la critique, au public et, sans nul doute mais plus douloureusement à l'auteur lui-même : la montagne a accouché d'une souris.

Un incident fera bientôt diversion. La même année 1936, sort sur les écrans *Kaiser von Kalifornien*, un film de l'Allemand Luis Trenker, dont Hitler appréciait beaucoup le talent. A la Biennale de Venise, la même année, ce film reçoit le prix Mussolini en présence de Goebbels. Aux yeux de tous, il est clair qu'il s'agit d'une seconde adaptation de *L'Or* – qu'on vend même à l'entrée des cinémas –, mais Trenker rétorque que Sutter (dont il tient lui-même le rôle) est dans le domaine public comme tout personnage historique. Cendrars s'emporte et crie au plagiat. Il fait valoir que Trenker commet les mêmes erreurs historiques que lui et charge un grand avocat, Maurice Garçon, de la défense de ses intérêts. S'ensuit un long procès, pour lequel Cendrars s'enflamme autant que Suter pour le sien, et avec un égal insuccès. La guerre et l'Occupation allemande étoufferont l'affaire [1].

Si le film de Cruze passe fort peu et

---

1. Voir Dossier, p. 205-206.

seulement dans les cinémathèques, celui de Trenker est carrément invisible. Les circonstances politiques de sa sortie n'y sont sans doute pas étrangères. La critique de l'époque souligne que Trenker (qui vient de mourir, en Italie) y propose un portrait de Suter en jeune nazi, mais que, tous comptes faits, son film est supérieur à celui de Cruze. Qu'un bâtard puisse prévaloir sur l'enfant légitime, qu'un plagiaire puisse ruser avec l'ordre des discours, voilà qui semblait de nature à lui mériter l'estime d'un connaisseur... Mais, par une ironie du sort dont tout ce dossier n'est pas avare, le champion du pseudonymat et du collage a choisi, lui aussi, d'achever l'aventure devant les tribunaux. Autant qu'au général Suter, la Loi aura joué de bien curieux tours à celui qui lui a rendu la célébrité.

ENTRE DEUX ORS

L'Or s'achève sur une apostrophe en rupture de ton : « Qui veut de l'or ? » (*O*, p. 169). Le conteur, quittant son rôle, se transforme en journaliste. Il se met en prise directe sur l'actualité de 1925 pour mobiliser les descendants de Suter et les presser d'intervenir. L'aventure au présent perpétuel débouche sur un appel au futur immédiat : un témoin qu'on cherche à passer pour relancer la fortune. Car l'histoire de Suter est, tout à la fois, achevée et inachevable : elle peut être continuée par un autre Suter (prolongeant l'action de son ancêtre). Certains, piqués au jeu, répondront [1]. Peut-être aussi

---

1. Voir Dossier, p. 207.

qu'un Suter *autre*, un émule décidé par sa lecture, saura relever, ailleurs et autrement, le défi de l'aventure moderne. La formule de la légende trouverait alors sa légitimation dans une efficacité que Cendrars mettra en exergue de *Rhum* : « Je dédie cette vie aventureuse de Jean Galmot aux jeunes gens d'aujourd'hui fatigués de la littérature pour leur prouver qu'un roman peut aussi être un acte » (*R*, p. 231).

Tout de même, l'apostrophe est bien troublante. L'homonymie entre le thème et le titre crée inévitablement une équivoque. En lançant pour conclure : « Qui veut de l'or ? », c'est aussi son roman que Cendrars propose à la criée. Il n'est pas de ceux, à l'époque, qui méprisent la réclame. C'est bientôt, en 1927, qu'il lancera sa fameuse formule : *Publicité = poésie* (*A*, p. 227). Qu'il se fasse ici son propre agent n'est donc pas pour surprendre, d'autant que le produit et l'annonceur sont nouveaux sur le marché du roman. Interpeller le lecteur, s'il a le goût du moderne, ce sera peut-être s'en faire un client.

Dans l'interpellation, pourtant, pointe un doute. Certes, le succès de la formule n'est pas encore assuré. Mais, tout de même, l'humour est un peu noir. Qui peut donc vouloir de l'or – et de *L'Or* –, si l'or est maudit et contamine tous ceux qui le touchent ? Est-ce un défi aux timides ou une provocation d'apprenti sorcier ? Car *L'Or* que le lecteur à son tour prend dans sa main, sous les espèces d'un livre, ne va-t-il pas lui porter malheur à lui aussi ? Inquiétante équivoque. Ce jeu avec la superstition, cette hantise de la contagion jettent une ombre inquiète et inquiétante sur toute l'entreprise. Peut-être que Cendrars, pareil à Suter, et « malgré sa folle énergie », « n'est pas trop sûr de ses droits » (*O*, p. 133). Dieu n'est pas en cause pour l'écrivain, mais le bien-fondé de la formule du roman au regard de l'ambition secrète qui la porte. Le récit est-il à la hauteur de la blessure ? Après l'échec du cinéma à Rome, va-t-il permettre à Cendrars de renouer avec l'initiation de 1917 ? Dès 1925, il semble en douter, et la suite confirmera ses craintes.

C'est que l'œuvre est opportuniste et qu'elle joue sur deux tableaux. L'or que *L'Or* met en circulation, s'il est si ambivalent, c'est qu'on ne sait à qui l'assigner : à un alchimiste ou à un affairiste ? Avec son premier roman, Cendrars a tenté de concilier l'inconciliable : la transmutation de la blessure et la quête du Veau d'Or. Certes, « les affaires ne sont pas les affaires » (*DY*, p. 98 ; *R*, p. 295). Mais est-ce encore le disciple des moines de l'ancien temps qui écrit à Féla, sa femme, le 17 avril 1925 : « Il faut que *L'Or* me rapporte de l'argent, et immédiatement [1] » ? Est-ce au fervent de Voragine que s'adresse Louis Brun, le directeur littéraire de Grasset, lorsqu'il lui propose une nouvelle vie à écrire, un *John Paul Jones* ? « Vous comprenez qu'il s'agit beaucoup moins de littérature que d'affaires [2]. » Et lorsqu'il envisage de lui confier aussi la direction d'une série de « vies de grands hommes américains », c'est sans détours : « Ces gens-là n'ont pas d'histoire, n'ont pas osé encore parler

---

1. Miriam Cendrars, *Blaise Cendrars,* op. cit., p. 598.

2. G. Boillat, *A l'origine Cendrars*, op. cit. p. 126.

eux-mêmes de leurs grands hommes, mais ils ont des dollars, et c'est cela qui doit compter [1]. »

> 1. *Ibid.*, p. 127.

Il faut bien en convenir : avec la formule du roman, Cendrars navigue entre deux ors. Celui de l'expérience impossible et celui du succès immédiat, stimulé par le mirage hollywoodien. Malgré la bonne vente du livre, les deux se déroberont finalement à lui. De la mésaventure, cependant, l'alchimiste pâtira plus que l'affairiste. C'est en ce sens qu'on peut parler d'un échec de *L'Or*.

Au bout du compte, le choix de la figure de Suter est révélateur de cette impasse. Au-delà des affinités de surface, nous avons vu comment l'auteur prenait ses distances avec un personnage, certes grandiose et pathétique, mais qu'il montre victime de l'atavisme et de son manque d'esprit d'invention. Incapable d'échapper à son passé, Suter n'est pas un bon objet pour la palingénésie. C'est un anti-Lazare. Et tout le contraire d'un poète puisque la vie de celui-ci, selon Cendrars, est « fatalement tragique mais elle renaît de ses cendres » (*SSFV*, p. 66).

Les cousinages de Suter dans l'imaginaire de Cendrars font de lui plutôt un homme de l'avant-guerre, comme le suggère déjà l'insistante dédicace du roman à Madame Wœhringen, « EN SOUVENIR / de quelques bonnes soirées / d'Avant-guerre / en sa FOLIE de Sceaux » (*O*, p. 7). Les deux mots en majuscules s'aimantant l'un l'autre, faut-il comprendre que ce livre est écrit *en souvenir de la folie* ? Cette folie qui fut, avant-guerre, celle de l'homme de la main droite ? Suter serait alors une figure du Cendrars d'avant-Méréville, sur laquelle une greffe de merveille n'aurait pas réussi à prendre. Car l'échec de l'aventure n'a pas été inversé par l'invention d'une forme nouvelle. Le héros, aussi bien que l'écriture légendaire, tirent Cendrars vers un monde de l'unité, où triomphe le stéréotype. A cet égard, la Nouvelle Légende dorée vaut la Nouvelle-Helvétie. Le conteur de *L'Or*, lui non plus, n'est pas Lazare.

Longtemps Cendrars se sera trompé de légende. Il aura hésité, tâtonné sur la meilleure façon d'articuler entre elles, afin de les mettre en œuvre, les trois opérations clefs de son initiation : *témoigner, prendre à témoin, passer le témoin*. Avec *L'Or*, c'est le spectacle qui prévaut. Le lecteur assiste à la légende qui se déroule sous ses yeux. Il est pris à témoin d'une trajectoire exemplaire, dont le ressort secret lui est cependant dérobé. On lui demande, en somme, d'imiter une aventure à vide, une pure exaltation de l'acte : déconcertante initiation...

Ce dispositif légendaire, Cendrars le bouleversera avec une autre formule d'écriture : celle des Mémoires. L'apparition dès *L'Homme foudroyé* des « Notes pour le Lecteur inconnu » est significative du déplacement intervenu : elle supplante l'appel antérieur à un lecteur trop connu, un lecteur qui s'est déjà lu dans d'autres livres, et qui donc, en un sens, ne lit plus, parce qu'il n'interroge plus sa lecture.

La légende est donc à réinventer. Aux vies revisitées, Cendrars substituera, avec ses Mémoires, un mythe autobiographique et une écriture rhapsodique, « polymère », où c'est dans sa lecture et par sa lecture que le lecteur sera initié. Ce ne sera plus l'aventure héroïque, mais le texte lui-même, le texte d'une vie à changer par l'écriture, avec ses réversibilités, sa dislocation du temps, ses jeux hyperréalistes, qui fera l'objet de la transmutation. L'alchimiste aura dépouillé l'affairiste. Et l'or rencontré sa poétique.

Lorsque Breton rencontre Nadja, elle lui dit son nom : « Nadja, parce qu'en russe c'est le commencement du mot espérance, et parce que ce n'en est que le commencement [1]. » Par d'autres chemins, il en va de même pour Cendrars lorsqu'il découvre *L'Or* : Or, c'est le commencement du nom d'Orion, mais ce n'en est que le commencement.

[1]. André Breton, *Nadja*, Folio, p. 75.

DOSSIER

« San Francisco. La Californie. Suter ! »
San Francisco. Lithographie. Ph. Coll. D.I.T.E.

« La traversée se fait en 41 jours. Il y a 11 hommes d'équipage et 129 passagers qui aident à la manœuvre. Madame Suter et sa fille sont les seules femmes à bord. »
Photo extraite du film Sutter's Gold de James Cruze, réalisé en 1936 à Hollywood, avec Edwards Arnold et Binnie Barnes. Ph. © BFI, stills, posters and design.

I. REPÈRES BIOGRAPHIQUES

Alors que la plupart de son œuvre se présente comme une autobiographie discontinue, écrire une biographie de Cendrars reste une gageure. C'est qu'il n'a pas cherché à retracer sa vie : il la transpose, la recompose, la réinvente. Dès lors, le dilemme est à peu près insoluble. Déduire des textes la biographie, c'est souvent accréditer une légende, au sens banal du mot. Mais restituer les faits – quand on le peut, puisque bien des périodes restent obscures –, c'est infirmer l'œuvre et, surtout, manquer l'exigence dont elle témoigne. Cette réécriture de soi-même n'est pas, en effet, une simple affabulation : Cendrars écrit pour changer sa vie par le mythe, comme Nerval. Entre le double écueil de la fable et du démenti, on s'en tient ici aux points de repère indispensables à la lecture de *L'Or*. Pour une plus ample information, voir le *Blaise Cendrars* de Miriam Cendrars, sa fille.

1887   Frédéric, Louis Sauser naît le 1er septembre à La Chaux-de-Fonds (Suisse), dans une famille bourgeoise d'origine bernoise, mais francophone. Le père, Georges, est un homme d'affaires instable, avec des revers de fortune. La mère, Marie-Louise Dorner, inquiète et neurasthénique, néglige son cadet. Un frère et une sœur aînés.

Enfance mal connue, mais itinérante (Naples ; Égypte ?). Pensionnat à Bâle, où il rencontre Auguste Suter. Fugues.

1904 Ses mauvais résultats à l'École de commerce de Neuchâtel font envoyer Freddy comme apprenti bijoutier à Saint-Pétersbourg (Russie), de septembre 1904 à début 1907. A la fin du séjour, il rencontre une jeune fille russe, Hélène.

1907 Revenu en Suisse, apprend la mort d'Hélène, brûlée vive le 11 juin, probablement par suicide. Désespoir de Freddy lié à un intense sentiment de culpabilité, aggravé bientôt par la mort de sa mère.

1909 Études dispersées (médecine, littérature, philosophie) à l'université de Berne, où il rencontre Féla Poznanska, une jeune juive polonaise. Lectures boulimiques (philosophie, histoire des sciences, patrologie latine...).

Premiers essais d'écriture, marqués par le symbolisme finissant (Dehmel, Spitteler, Przybyszewski et Gourmont, son maître à penser). En 1910, premier séjour à Paris, où il retrouve le sculpteur Auguste Suter.

1912 Après un retour à Saint-Pétersbourg, il s'embarque, fin 1911, pour New York où il rejoint Féla. Au cours de la nuit de Pâques, écrit *Les Pâques*, qu'il signe d'un pseudonyme, *Blaise Cendrart*, puis *Cendrars*.

Au retour, il s'installe à Paris, où il publie lui-même son poème et fréquente les milieux d'avant-garde : Apollinaire (et sa revue, *Les Soirées de Paris*) et les peintres (Chagall, Léger, les Delaunay). Amitiés anarchistes.

1913   Cendrars publie la *Prose du Transsibérien et de la petite Jehanne de France*, poème-tableau composé avec Sonia Delaunay. Ses « poèmes élastiques » paraissent en revues. Il écrit *Le Panama ou l'aventure de mes sept oncles* (qui paraîtra en 1918), qui évoque l'histoire du général Suter.

Juste avant guerre, apparition de la figure de Moravagine, son double noir.

1914   Le 29 juillet, il signe avec Canudo un « Appel » aux étrangers résidant en France et s'engage comme volontaire dans l'armée française. Une année au front, sur laquelle ses livres (*J'ai tué*, *La Main coupée*...) reviendront souvent. Au cours d'une permission, épouse Féla, dont il aura trois enfants, Odilon, Rémy et Miriam.

1915   Le 28 septembre, au cours de la grande offensive de Champagne, Cendrars est grièvement blessé devant la ferme Navarin. Amputation du bras droit au-dessus du coude. Période de désarroi. Hormis *La Guerre du Luxembourg* (1916), il n'écrit plus.

1917   Passe l'été à Méréville, près d'Étampes, dans la Seine-et-Oise. C'est le grand tournant (et le secret) de la vie de Cendrars. Révélation de son identité d'homme de la main gauche, dans une explosion créatrice : *Profond aujourd'hui* (1917), *La Fin du monde filmée par l'Ange N.-D.* (1919), *L'Eubage* (1926), et *Les Armoires chinoises* (partiellement inédit) sont autant de récits initiatiques.

Commence *Moravagine*. Songe à *Dan Yack.* Apparition du mythe d'Orion dans son œuvre.

Le 26 octobre, à Paris, Cendrars rencontre Raymone Duchâteau, jeune comédienne à qui un Amour mystique le liera jusqu'à sa mort. Décide de vivre seul.

Après *J'ai tué* (1918), il quitte l'écriture pendant plus de cinq ans pour le cinéma, avec Gance (*J'accuse, La Roue*), puis seul. Passion malheureuse : à Rome, en 1921, le tournage de *La Vénus noire* s'achève par un fiasco. Besoin d'un nouveau départ.

1924   De février à août, premier voyage au Brésil, à l'invitation de Paulo Prado, un planteur richissime. Amitié (non sans malentendus) avec les modernistes de São Paulo : Tarsila, Mario de Andrade, Oswald de Andrade. Au retour, publie, avec *Feuilles de route*, son dernier recueil, et devient romancier avec *L'Or* (1925) puis *Moravagine* (1926).

La seconde moitié des années 20 sera sous le signe du Brésil (trois voyages en tout), du roman (1929 : *Le Plan de l'Aiguille*, *Les Confessions de Dan Yack*), d'un premier essai d'autobiographie (1929 : *Une Nuit dans la forêt*) et des affaires (malheureuses). Cendrars rêve toujours de cinéma.

1930   *Rhum*, vie romancée de Jean Galmot, amorce un mouvement vers le journalisme. Après quelques années stériles pour cause de maladie (sauf *Aujourd'hui*, un recueil d'essais, 1931 et *Vol à voiles*, 1932), Cendrars devient grand reporter (*Paris-Soir*).

Il recueille ses reportages (1935 : *Panorama de la pègre* ; 1936 : *Hollywood, La Mecque* du cinéma) et trois volumes de nouvelles (1937 : *Histoires vraies*).

Période « parisienne », où ses amitiés le font pencher à droite. Il en gardera le sentiment d'avoir failli à la révélation de 1917 et fourvoyé sa plume.

Vers 1935, commence *Le Sans-nom* (publié en 1952 sous le titre *Partir*), qui préfigure les Mémoires.

En 1936, sortie simultanée de *Sutter's Gold* de Cruze et de *Kaiser von Kalifornien* de Trenker.

1940 La débâcle de mai 40 l'accable comme une faillite personnelle. Quittant Paris et le journalisme, il se retire à Aix-en-Provence jusqu'en 1948.

1943 Après trois années de silence, grand retour à l'écriture. Quatre gros volumes de « mémoires qui sont des mémoires sans être des mémoires », renouent avec l'expérience de 1917, la transforment en mythe et constituent sa *Recherche du temps perdu*.

C'est l'autre sommet – le plus haut – de son œuvre (1945 : *L'Homme foudroyé*, 1946 : *La Main coupée* ; 1948 : *Bourlinguer* ; 1949 : *Le Lotissement du ciel*).

1949 Le retour à Paris marque la fin de cette période intense de création. La boucle est bouclée. Mariage (blanc) avec Raymone.

Derniers textes marquants : *La Banlieue de Paris* (avec Doisneau, 1949), *Brésil* (1952), et *Emmène-moi au bout du monde !...* (1956), dont la rédaction l'épuise.

1961 Après deux attaques d'hémiplégie qui assombrissent ses dernières années, Cendrars meurt à Paris le 21 janvier.

1987 Le centenaire de sa naissance marque un tournant dans la réception de Cendrars. Longtemps « distraitement reconnu » (Malraux), il apparaît aujourd'hui, dans la lignée de Nerval, comme un des grands créateurs de mythe dans la modernité.

« Et tout cela est déclenché par un simple coup de pioche. Ces foules qui se ruent. D'abord celles de New York et de tous les ports américains de l'Atlantique, et, immédiatement après, celles de l'Hinterland et du Middle West. »
Photo extraite du film : *Der Kaiser von Kalifornien*. Mise en scène : Trenker, 1936. Ph. © Deutsche Institute für Filmkünde. Frankfurt.

II. LA GENÈSE

INCUBATION

Les entretiens radiophoniques de Cendrars avec Michel Manoll ont été diffusés du 14 au 25 avril 1950. Fortement remaniés pour leur publication deux ans plus tard, ils constituent une source inépuisable de confidences rusées. Cendrars joue au chat et à la souris avec son interlocuteur. C'est à propos de *L'Or* qu'il expose sa méthode de travail.

BCVP, p. 583.

[...] Y a-t-il toujours ce grand délai de dix ans entre l'aventure que vous vivez et le moment où vous l'écrivez ?
— Une incubation très longue. Il y a tout un travail inconscient et de mise au point qui doit se faire. Généralement je démarre sur un titre. Je trouve d'abord le titre. Je trouve généralement d'assez bons titres, qu'on m'envie, et non seulement on les envie mais des tas d'écrivains viennent me voir pour me demander un titre. Je pourrais en citer et même des étrangers. « Écoute, vieux frère, me disent-ils d'un air embarrassé, je viens de finir ceci, cela ou autre chose, un roman, et je ne trouve pas de titre, une pièce de théâtre, et je ne trouve pas de titre, donne-m'en un. » Chaque fois, cela me paraît invraisemblable et je leur trouve un titre. Pour moi, quand j'ai mon titre, je me mets à rêvasser. Les choses se tassent. Il se produit une cristallisation consciente et inconsciente autour du titre et je n'écris rien de solide tant que je ne connais pas tout de mes personnages, du jour de leur naissance au jour de leur mort et que je ne puis pas les faire évoluer dans toutes les circonstances possibles et

« Tout ça pour l'or, et cet or s'est transformé en eau-de-vie, et je me demande ce qu'il est devenu après et plus loin. »
Flacon de Kirsch commercialisé en Suisse.
Sur l'étiquette figure le portrait de Suter né citoyen suisse.
Ph. Éd. Gallimard.

imaginables selon leur caractère et leur situation fictifs ou réels. Cela peut durer des années. Je prends des notes. C'est ainsi que je constitue des dossiers bourrés de notes et d'ébauches. C'est de l'imaginaire et non du document. Le document me gêne.

CONFITURES

Pendant longtemps, Georges Sauser-Hall, éminent juriste suisse, fut bien plus connu et reconnu dans son pays que son frère Blaise Cendrars. Sur le tard, ils se sont retrouvés. Le grand frère évoque, avec Hughes Richard, l'enfance du cadet.

En ce temps-là, nous étions gosses, Blaise et moi, et la plupart de nos vacances, nous les passions à La Chaux-de-Fonds, au célèbre « Hôtel de la Balance » tenu par un frère de ma mère, laquelle, contrairement à ce qui me revient toujours aux oreilles n'était pas écossaise mais zurichoise. Nous nous plaisions fort dans ce vieil immeuble et il aura fallu, comme vous, que je lise *Bourlinguer* pour que j'apprenne que c'est là, le jour de son baptême, que le diable est apparu à mon frère « sous forme d'une boule électrique qui jetait des flammes et des étincelles crépitantes ». Il fêtait, à ce qu'il prétend, son premier anniversaire. Passons. Ce qui nous attirait, ce qui, au vrai, nous subjuguait dans cet hôtel vétuste, c'était la confortable vastitude de la chambre des W. C. où nous étions sans cesse fourrés. Dans un coin, sur un « tablar » – on veut désigner, par ce localisme, des planches disposées horizontalement sur lesquelles prennent place les objets les plus divers – notre grand-tante, qui avait la santé et un rire formidables, avait coutume d'entreposer

Hughes Richard, « Cendrars et le fabuleux général Sutter », in *Europe*, juin 1976, p. 40-41.

ses confitures qui, dans cette zone, propageaient un mélange d'odeurs dont je n'ai retrouvé le pareil nulle part. Sous les « tablars » se tenait une caisse à rayonnages où chacun avait l'obligation de ranger ses godasses, et, à proximité, s'entassaient, pêle-mêle, journaux et magazines oubliés par les clients. Une collection du *Messager boiteux* servait de papier hygiénique et c'est dans cet almanach que nous avons lu, mon frère et moi, les fabuleuses aventures arrivées au conquérant de la Californie que, le soir, interminablement, nous continuions d'évoquer et de commenter. J'ai toujours pensé et répété que Blaise a commencé *L'Or* entre la m... et les confitures !

LETTRES À AUGUSTE SUTER

C'est Freddy Sauser qui écrit la première, en juin 1911. Il est retourné en Russie, d'où il va s'embarquer pour New York où il va bientôt changer de nom. Cette lettre (traduite de l'allemand) donne le ton – fasciné, presque amoureux – des relations du jeune écrivain avec le sculpteur avant-guerre.
Les trois autres lettres ou cartes sont signées par Blaise Cendrars et écrites en français, la première juste avant la blessure, les deux autres peu après. Le ton a changé entre eux. Mais la hantise du général Suter demeure.

Streilna, juin 1991. *IS*, p. 130-131.

Cher Monsieur Suter,

Vos deux lettres m'ont fait grand plaisir. Le souvenir de nos rencontres m'est particulièrement cher et garde beaucoup de prix pour moi. Je pense souvent à vous, à vos travaux, à votre personnalité. Je la trouve éminente par sa simplicité, sa puissance, sa vigueur. Votre comportement dans l'existence me semble parfois naïf, parce que vous êtes bon, mais toujours noble, parce que vous êtes sincère. En tout cas, je songe beaucoup, beaucoup à vous. Je n'ai jamais ressenti autant de sympathie pour un homme. Je ne connaissais exclusivement que des femmes. Aussi je ne sais pas comment vous traiter. Je veux toujours vous prendre par le bras, comme autrefois, comme je le faisais si souvent à Paris : c'était un mouvement significatif, presque automatique et inconscient ! Il me coûtait beaucoup. C'était la manifestation de mon amitié. Je vous vois devant moi sous les apparences de votre statue (mes yeux en perçoivent le dessin flottant sur le mur), viril, calme, d'une force souveraine, fier et menaçant, lucide. Ses proportions respirent la puissance. Un pas en avant, la terre tremblera, son poing fracassera le monde. Vous regardez autour de vous et n'usez pas de votre force pour frapper. *Prométhée !* Vous croissez encore en puissance ! De lourds nuages couronnent le modelé du front, le crâne osseux, qui, comme un massif alpestre, protège le cerveau. Il jaillit des éclairs blafards. On entend au loin gronder le tonnerre. Je prends peur. J'attends que l'érotisme se résolve en chaudes averses, que tout se calme et que renaisse la fraîcheur, que l'équilibre se rétablisse à la fin du drame. Ce spectacle est merveilleux ! Tout est révolu... La belle statue resplendit toujours dans sa raideur et sa simplicité primitives... Prenez garde à l'érotisme ! Comme nous devons le faire. Et moi tout le premier ! Affreux ce que j'ai vécu dernièrement. Mais je suis maître de moi-même, et je le dois peut-être à votre exemple.

5 septembre 1915 *Ibid.*, p. 399.

Dans les tranchées : carte-lettre militaire du caporal B. Cendrars à Auguste Suter à Bâle.

Cher Ami,

(Début caviardé par la censure.)
Buvez, buvez. — J'ai bu d'un seul trait toute une année de guerre, sans m'en apercevoir. Et je n'en suis pas plus saoul qu'avant. C'est vieux, vieux — guerre, canons, Féla, sang, batailles, mines, mon fils, mes livres, les morts — je suis plus seul et plus détaché que jamais. Il n'y a plus que des choses comme les aventures du Général Suter qui m'intéressent encore, et non pas sa vie, mais les sursauts intimes de sa conscience. J'y pense souvent.
Bien cordialement vôtre.

       Blaise Cendrars.

Paris, le 28 avril 1916. *Ibid.*, p. 404.

Mon cher Suter,

Reçu votre lettre. Merci. Tout va bien. Je travaille. Pourriez-vous m'envoyer ce qui a été publié, en Suisse, sur le général Suter, votre grand-oncle. Possédez-vous des papiers le concernant et y a-t-il quelque chose d'inédit à la Bibliothèque de Bâle ? Si oui, je viendrai y passer quelques jours.
Je vous embrasse.

       Blaise Cendrars.

Mai 1916 *Ibid.*, p. 405.

Mon cher ami Suter,

Reçu votre lettre. Merci. J'ai un beau bras mécanique qui marche tout seul. La santé bonne.

L'humeur aussi : je travaille. Féla et les petits sont à la campagne.
Vous pouvez venir à Paris, cela ne choquera point.
Je me fais un véritable plaisir de vous revoir bientôt.
Dommage que vous n'ayez rien sur le Général.
(...)
Bonjour aux amis. Je vous embrasse.

Blaise Cendrars

RAYMONE 1917

C'est au retour de Méréville, le 26 octobre 1917, que Cendrars rencontre celle dont il fera sa muse pour plus de quarante ans. Raymone a confié à Hughes Richard quelques souvenirs de cette époque.

Mme Raymone, quant à elle, se souvient encore parfaitement de ses premiers rendez-vous avec Blaise dans le Paris sans lumières de 1917. Elle n'était encore qu'une débutante qui tremblait de monter sur les planches où il lui arrivait de dire les poèmes des « poètes modernes ». Et Blaise lui-même parfois s'exhibait, rue Huyghens ou ailleurs, dans de petites salles froides où les gens s'entassaient. Les chaises étaient prélevées au Jardin du Luxembourg peu avant sa fermeture et devaient y être rentrées pour l'ouverture du matin... A ses côtés se tenaient Apollinaire, Cocteau, Salmon, Max Jacob, Reverdy et quelques peintres et musiciens d'avant-garde, dont Satie, que Cendrars admirait. Durant ces années-là, il transportait toujours sur lui un calepin qu'il retira un jour très vivement de sa poche, déclarant : « C'est là-dedans que j'écrirai l'histoire du Général Sutter que personne ne connaît. »

Hughes Richard, « Cendrars et le fabuleux général Sutter », *op. cit.*, p. 42.

RUMINATIONS

Comment Cendrars s'est-il documenté ? Identifier les sources d'un amateur de collages réserve d'inépuisables surprises.

Le seul livre consacré à Sutter (ou qui se soit voulu tel car il retrace l'époque plutôt que la vie de Sutter dont l'aventure et sa signification se dissolvent dans la complexité de l'histoire du temps) qui ait paru avant le séjour de Cendrars à New York, et même le seul avant *L'Or,* est celui de Thomas J. Schoonover, *The Life and Times of Gen. J.A. Sutter,* publié à Sacramento en 1895. Cet ouvrage assez terne ne paraît pas avoir marqué Cendrars. Il a pu le lire pourtant, à New York ou plus tard, car bien qu'il ait déclaré avoir écrit *L'Or* « *sans fouiller dans les archives américaines* » et l'avoir écrit in extremis « en *six semaines* », il est certain qu'il s'est documenté tout au long du long processus d'incubation de son sujet. [...] Mais il est impossible de désigner en toute certitude les livres qu'a pu lire Cendrars tant sont nombreux, dès avant 1925, et dans toutes les langues, les ouvrages de toutes sortes et qui presque tous consacrent un paragraphe, quelques pages ou un chapitre au pionnier très tôt légendaire, sur la Californie, sur les colons, sur l'Ouest, sur la ruée vers l'or, sur la traversée du Panama, etc.

Il est toutefois certain, puisqu'il s'y réfère explicitement dans *L'Or,* que Cendrars a lu ce numéro du *Tour du Monde* de 1862 (premier semestre), où L. Simonin donne la relation de son « Voyage en Californie », qu'il fit en 1859. Après l'inévitable évocation des chercheurs d'or, de leurs installations et de leurs techniques, Sutter, le « *soldat laboureur* », fournit à Simonin l'occasion d'une belle antithèse :

Yvette Bozon-Scalzitti, *Blaise Cendrars ou la passion de l'écriture*, L'Age d'homme, 1977, p. 292-294.

« C'est sur le bord de la rivière Feather qu'est aujourd'hui établi le capitaine Sutter, le général comme l'appellent les Américains. Il a fondé une grande ferme dans le comté qui porte son nom. Ce vétéran des pionniers californiens a très peu profité d'une découverte dont il a été pour ainsi dire le premier auteur. Presque chassé des terrains sur lesquels s'est bâti Sacramento, terrains qui lui appartenaient, il s'est vu aussi dépouillé des placers situés aux alentours de son fort [...]. Bref, quoique riche, le vieux capitaine n'a point profité comme il le méritait de la découverte de l'or, et il est allé oublier les injustices des hommes dans sa ferme sur les bords de la Plume. Ce rôle de soldat laboureur convient mieux à son caractère élevé : il a laissé aux mineurs les champs d'or qui ne nourrissent personne pour les champs de blé qui font vivre les humains » (p. 44).

Sur cette antithèse, Cendrars construira son récit, ainsi que l'a bien vu Szittya : « L'Or, *contre l'or, pour le blé* » (« Logique de la vie contradictoire de Blaise Cendrars »). Signalons que cette antithèse du blé et de l'or est aussi l'axe du (pseudo) récit de voyage d'Alexandre Dumas, publié en 1852 à Bruxelles sous le titre : *Un An sur les bords du San Joaquin et du Sacramento,* et à Paris sous le titre : *Un Gil Blas en Californie,* dont le chapitre V est consacré à Sutter et à la destruction, par l'or, de sa richesse tirée essentiellement du blé et du bétail, et où le voyageur-narrateur se montre beaucoup plus sensible à la fertilité et à la beauté paradisiaques des terres vierges de la Californie que brûlé par la fièvre de l'or dont il expose longuement les ravages. Aussi, lorsque Cendrars déclare à Manoll qu'il connaissait fort bien la région du Sacramento quand il écrivit *L'Or,* pour y avoir chassé l'ours (*BC,* 584), ne serait-ce pas le livre de Dumas, qui raconte, en particulier dans son chapitre XVI, de mémorables chasses à l'ours dans cette même région, qui soutient sa « mémoire » ?

Albert t'Serstevens, que Cendrars considérait comme son « plus vieux copain des lettres », confirme cette lecture de Simonin en 1917.

C'est à la page 34 du fascicule en question, et à deux autres endroits, un peu plus loin, que Simonin nous parle du général Sutter – avec deux t – qui exploitait alors la Nouvelle-Helvétie sur les bords de la rivière Feather – La Plume – établissement que Cendrars nous décrit au chapitre 44 de son livre ; mais pour le reste, Simonin dépeint à merveille l'envahissement du Sacramento par les squatters de toutes les nations et par les inévitables Chinois, commerçants avides qui entassaient dans leurs coffres de bois de santal plus d'or que n'en trouvaient dans la semaine la plupart des prospecteurs.

Bien entendu, je ne veux pas dire que Cendrars ait fait son livre d'après ces quelques pages du *Tour du Monde,* mais elles ont été le cordon Bickford qui a fait éclater la prodigieuse mécanique agencée par ses lectures et son génie de visionnaire. Ces pages de Simonin l'avaient mis en outre sur le chemin d'autres découvertes dont il a tiré parti. Ce travail de préparation, patient, minutieux, et la lente concentration de ses projecteurs cérébraux sur la figure centrale, ne devaient aboutir qu'à la fin de 1924. Quand il s'attaquait à une œuvre elle était quasiment terminée : il n'y avait plus qu'à l'écrire. C'est ce qu'il fait en quarante jours dans sa petite maison du Tremblay-sur-Mauldre, un peu moins de six semaines pour taper à la machine les soixante-treize courts chapitres, ou plutôt les soixante-treize poèmes en prose de cette magnifique épopée de *L'Aventure.*

A. t'Serstevens, *L'Homme que fut Blaise Cendrars*, Denoël, 1972.

La Femme assise d'Apollinaire ne fut publiée qu'après sa mort en 1920, mais la genèse complexe de ce roman de Montparnasse remonte aux années 1911-1912 et 1917. Cendrars, qui apparaît dans ce livre à clefs sous les traits peu flattés du pseudo Ovide du Pont-Euxin, a pu y découvrir cette description de Marshall, le contremaître de Sutter.

« Il vint aussi, conduit par deux petits enfants, un aveugle tremblant aux pieds nus ; il n'était vêtu que d'un pantalon et d'une chemise et à ses poignets il portait des bracelets de cordes que l'on avait enfilées dans des pépites d'or percées. A son cou, il portait un collier de la même sorte et une ceinture pareille lui entourait la taille. Et cet aveugle était l'homme qui, en 1849, avait découvert l'or en Californie. On disait que depuis ce jour, il s'était mis à trembler de fièvre. Et cette fièvre de l'or, il l'avait communiquée au monde entier. On disait encore qu'il avait été aveuglé par l'éclat de l'or et, riche, pourvu de femmes et d'enfants, il venait chaque jour sur la place de l'Union raconter son histoire :

« "Je revenais de la guerre du Mexique pour rejoindre les Saints. Je traversais à pied la Californie, travaillant un jour ici, marchant le lendemain et m'embauchant chaque fois que mes ressources étaient épuisées... Un jour, je travaillais pour le compte de l'ancien capitaine des Suisses du roi de France Charles X, je pensais à mes frères, à mes femmes et je me penchai pour me laver dans le ruisseau qui faisait tourner le moulin et je trouvai une pépite. Je ne m'y trompai pas. J'en avais vu chez un changeur de Frisco. J'ai caché ma découverte pendant plusieurs semaines, puis tout s'est su, mais je m'étais enrichi pendant ce temps et c'est moi qui sauvai de la banqueroute

Apollinaire, *Œuvres en prose*, éd. Michel Décaudin, Gallimard, Bibliothèque de la Pléiade, 1977, t. I, p. 448-449.

notre nation et je fus l'instrument que les dieux avaient choisi pour que soit accomplie la prophétie de Joseph Smith, quand il prédit que les billets qu'il avait émis et dont on ne voulait pas, vaudraient un jour autant que de l'or. C'est moi qui ai trouvé tout l'or de notre monnaie, la plus précieuse qui soit, puisqu'elle est en or pur. Et aucun Mormon n'a plus droit aujourd'hui d'être chercheur d'or. »

« Et les pépites sacrées qu'il portait sur soi lui donnaient un aspect sauvage. »

En 1922, Cendrars est interrogé sur les « vieux voyageurs » qu'il préfère.

Entre tous les vieux voyageurs que vous avez lus, quel est celui que vous préférez ?

Vous me demandez quelques mots sur les vieux voyageurs et les découvreurs. Vous me demandez quel est celui que je préfère ? Il m'est bien difficile de vous répondre.

J'ai lu quelques tonnes de littérature de voyage ; depuis les plus anciens jusqu'aux rapports des prospecteurs d'aujourd'hui qui ne se lisent encore que dans les banques, en passant par la Bible, Hérodote, les écritures hiéroglyphiques, les commentateurs chinois de Marco Polo, les géographes et les voyageurs arabes, les songhaïs de Tombouctou, les livres sur les pirates, les baleiniers, Cook, Humbold, de Saussure, tous les explorateurs de l'Afrique au XIXe, les bulletins des Missions, les tatouages et les rapports des expéditions scientifiques.

Voici ce qui m'intéresse plus particulièrement aujourd'hui : *Le Voyage de la Reine de Saba*, d'après les documents éthiopiens et les archives des missionnaires portugais, le livre de bord de l'amiral Christophe Colomb, édité par Mavaretto à Madrid en 1836 et que je suis en train de traduire depuis dix ans.

La Vie, n° 23, 15 décembre 1922, repris dans *DN*, p. 35-37.

Le voyage et les aventures du Bordelais Vereneau, le renégat, l'architecte du Taj-Mahal d'Agra en 1628 ; les voyages et la vie du général Suter, le premier milliardaire américain, ruiné par la découverte des mines d'or sur ses terres en juin 1848, lors de la fièvre de l'or en Californie.

« L'or est maudit, et tous ceux qui viennent ici et tous ceux qui le ramassent sont maudits. »
Illustration de François Kupka pour l'*Assiette au beurre*, 1902. N° spécial : *L'argent*. Ph. Kharbine-Tapabor © A.D.A.G.P., 1991.

III. LE CONTEXTE

ADIEUX AU CINÉMA

C'est de 1923 que Cendrars date ses adieux (jamais définitifs) avec le cinéma. Fascination ambiguë, sur laquelle Abel Gance apporte un témoignage.

Pour mon film *J'accuse,* que je préparais vers la fin de l'autre guerre, j'avais besoin, pour certaine scène, d'anciens combattants rescapés des combats mais durement atteints : Paul Laffitte, le commanditaire des Éditions de la Sirène, m'envoya Blaise Cendrars, et ce fut le commencement d'une grande amitié. Blaise figurera dans cette scène, entre autres combattants se réveillant parmi les morts ; non seulement il y figurera, mais il fit mieux, il m'aida magnifiquement à animer cette scène...

 L'amitié de Blaise était généreuse, constante, fraternelle. Je l'avais pris avec moi, et, quand je tournerai *La Roue*, entre Nice, Chamonix et Arcachon, il sera un de mes assistants. A vrai dire, je ne peux pas affirmer que j'aie été à l'origine de son initiation cinématographique : il restait toujours étranger à notre travail, qui le déroutait, qu'il suivait mal ; il faisait surtout fonction de régisseur, organisant des cordées ou rassemblant wagons et locomotives. Il aimait ce travail plus concret.

 Je sais bien qu'après *La Roue* il trouvera un engagement dans les studios romains. Y a-t-il réalisé lui-même des films ? Je n'en suis pas si certain : bien qu'il eût suivi, et de bout en bout, la réalisation de *La Roue,* il n'avait pas la moindre pratique du métier cinématographique proprement dit. Il est vrai que le goût du scénario lui était venu, ainsi que le prouve sa *Fin du monde*.

Cendrars, *Œuvres complètes*, Club français du Livre, t. II, p. XX-XXI.

Cette scène figure dans le Foliothèque 2, Henri Godard, *Voyage au bout de la nuit*, de Louis-Ferdinand Céline, Gallimard, 1991, p. 48-49.

L'APPRENTISSAGE DU ROMANCIER

C'est à son retour du Brésil qu'il écrit *L'Or*, dans sa maison du Tremblay-sur-Mauldre. C'est de là qu'il évoque la genèse « brésilienne » de son roman, dans une lettre à Paulo Prado, le 13 février 1925. La Nouvelle-Helvétie a quelques affinités avec la fazenda – la ferme – San Martinho, où Prado l'a accueilli et qui était consacrée à la monoculture intensive du café.

Le Tremblay-sur-Mauldre
par Montfort-l'Amaury
Seine-et-Oise

le 13 février 1925.

Mon cher Paul,

Document inédit, Fonds Blaise Cendrars. Archives Littéraires Suisses, Bibliothèque Nationale Suisse, Berne.

[...] De mon côté, je travaille et c'est pourquoi j'ai été si long à vous écrire cette fois-ci. J'ai terminé pour Grasset l'Histoire du Général Johann August Suter, premier milliardaire américain, ruiné en 1848 par la découverte des mines d'or sur ses terres. Le volume paraîtra à la fin du mois. Il y a plus de quinze ans que j'avais envie d'écrire cette histoire et je ne l'aurais pas encore écrite aujourd'hui sans mon séjour chez vous, ma visite à San Martinho et nos longues conversations. Dans chaque chapitre vous verrez du premier coup tout ce que je vous dois, Paul, et régulièrement j'aurais dû vous dédier cette histoire, dédiée, ainsi que je l'avais promis avant la guerre, à une Allemande.

Je me suis donc mis et remis au travail d'écrire, ce que je n'aime pas beaucoup, mais qui toutefois a ce mérite de vous empêcher de penser à quoi que ce soit. Ainsi, je n'ai plus le cafard. Je suis en train de terminer un autre roman, Moravagine, également pour Grasset, puis j'en terminerai un troisième pour le Sans Pareil, Le Plan de l'Aiguille, roman du phonographe. Ouf, ouf, ouf. Sorti de là, j'ai envie de disparaître au fin fond de l'Afrique. C'est tout de même étonnant que l'on puisse écrire ainsi, sans enthousiasme, sans se battre les flancs, sans bourrage de crâne et sans être soi-même dupe de ce que l'on fait. Je crois que c'est là le seul apport réellement nouveau de la littérature moderne : on écrit comme n'importe qui fait (et ne le fait souvent pas) chaque matin un quart d'heure de gymnastique suédoise, sans grande conviction. Et pourtant, c'est de la vie même de l'homme qu'il s'agit. Et de son existence. C'est pourquoi c'est si emmiellant. Comme la santé. Et indispensable. Puis il y a aussi une question de sous (tout au moins pour moi).

En 1949, c'est de son séjour dans une autre fazenda, le Morro Azul (la montagne bleue), qu'il datera l'origine de sa vocation de romancier.

Le Morro Azul...
Je ne devais y passer que la nuit, j'y suis resté plus d'un mois. Puis, je ne suis pas allé plus loin à l'intérieur, j'ai fait demi-tour, à peine à deux cent vingt-cinq kilomètres de São Paulo, je suis rentré. La révolution a éclaté cette année-là, la révolution positiviste du général Isidoro. Ce n'est que l'année suivante et l'année d'après et encore une autre et une autre année plus tard que j'ai poussé plus loin à l'intérieur. Entre chaque voyage je rentrais à Paris écrire, travailler, mettre une affaire debout pour faire des sous, préparer la prochaine expédition. Comme chez Léouba à Saint-Pétersbourg, j'ai fait chez le Dr Oswaldo Padroso un stage d'apprentissage, l'apprentissage de mon métier de romancier, car c'est au retour de ce premier voyage dans la province de São Paulo que j'ai publié L'Or chez Grasset, un livre auquel je pensais depuis plus de dix ans,

« La Tour Eiffel sidérale », *LC*, p. 442-443.

un manuscrit quasi abandonné et auquel je ne travaillais que par intermittence, une histoire merveilleuse que je me mis tout à coup à élaguer et à dépouiller pour en faire une histoire vraie, un récit que je réécrivis entièrement au présent de l'indicatif, celui des cinq modes du verbe qui exprime l'état, l'existence ou l'action d'une manière certaine, positive, absolue, ce qui frappa comme une nouveauté certains très rares écrivains de mes amis, mais simplicité qui déplut au plus grand nombre des hommes de lettres et des critiques littéraires qui eurent à s'occuper de ce petit volume auquel son éditeur ne croyait pas et qui fit je ne sais comment son tour du monde puisque j'en connais aujourd'hui deux douzaines d'éditions différentes en une bonne douzaine de langues et qui s'adressent à toutes les classes de la société puisque ce roman a paru, en 1927, en feuilleton dans *L'Humanité* et qu'en Amérique on en a fait une édition en braille pour les aveugles et dans les écoles de Hollande un livre de lecture française (« *Rimbaud à l'école de La Fontaine* », disait de son auteur Jacques Bainville dans *L'Action française*), écrit linéaire exactement le contraire du mode d'écriture polymère ou polymorphe mais semblablement universel que j'emploie présentement pour tracer le portrait d'un somnambule.

Cendrars veille – distraitement – sur la fabrication du livre. C'est sur épreuves qu'il choisit ce qui deviendra un de ses titres les plus célèbres.

[...] la sortie du livre subit un nouveau retard. Cette fois du fait de Grasset qui, rentré de convalescence, avait passé par les bureaux de fabrication pour voir où l'on en était. Lui qui était tellement attentif à donner une présentation dynamique à ses ouvrages et qui venait d'engager Salvat, qui s'y connaissait en ce domaine, fut pris

G. Boillat, *A l'origine, Cendrars*, Éditions Hughes Richard, 1985, p. 107-108.

d'une de ses fameuses colères quand il vit la couverture de l'ouvrage rendue illisible par un titre interminable. Salvat envoya d'urgence une lettre à Cendrars :

« Monsieur Bernard Grasset me prie de vous soumettre avec insistance les considérations suivantes : comme je lui signalais tout le parti que l'on peut tirer de votre remarquable histoire du Général Suter, il m'a fait remarquer que le titre par sa longueur crée un obstacle absolu à toute publicité efficace et risque d'entraver le succès de l'ouvrage à moins d'être relégué en sous-titre. il vous propose donc (ceci simplement à titre d'exemple) *Midas, ou la merveilleuse histoire du Général Johann August Suter.*

Nous ne doutons pas que vous ne sentiez la force de cette raison et que vous n'accordiez à notre proposition une attention qui facilitera grandement notre tâche d'éditeur, ce dont nous vous remercions. »

Cendrars sentit que, cette fois, il était préférable qu'il se déplace. Quelques jours plus tard, il arrivait dans les bureaux de la rue des Saints-Pères avec ce titre de trois lettres – qui valait bien le mot de cinq lettres de Grasset – qui devait ravir Salvat : *L'Or.*

IV. CENDRARS ET BIRMANN

LE MESSAGER BOITEUX

A Pierre Mille, qui prépare un compte rendu de *L'Or* pour *le Temps*, Cendrars, le 3 mai 1925, donne quelques précisions (calculées) sur la genèse de son roman et le rôle de la brochure de Birmann.

[...] J'ai écrit mon livre à l'aide de quelques notes de lecture et de voyage. J'ai lu étant enfant une brochure consacrée à Suter*. [...] Si Suter semble complètement oublié, son nom figure encore dans quelques noms de pays de sa contrée ; de même dans les traditions orales du far-west, on parle encore de lui et je me suis fait conter plusieurs fois son histoire. Je suis très lié avec un de ses arrière-petits-neveux, un jeune sculpteur, qui connaissait vaguement l'histoire de son grand-oncle, et c'est surtout pour lui que je l'ai mise au point. Je n'ai jamais eu le temps ni les loisirs de compulser les archives [...] ceci pour vous faire saisir comment j'ai effectué le groupement de mille détails vrais rassemblés de tous les côtés durant mes vagabondages à travers les pays, les livres et les hommes. [...]

* L'auteur de cette brochure est Martin Birmann dont j'ai fait le tuteur des enfants. J'ai écrit de différents côtés sans pouvoir me procurer cette brochure. Je l'ai lue chez ma grand-mère, peut-être était-ce dans l'Almanach du Messager Boiteux auquel ma grand-mère était abonnée ? et cette brochure n'était qu'un extrait de l'Almanach ou un encartage, un supplément ? Il faudra que je la cherche un jour à la bibliothèque de Strasbourg.

Document Fonds Blaise Cendrars. Archives Littéraires Suisses, Bibliothèque Nationale Suisse, Berne.

UNE "FAMEUSE BOULETTE"

Dans ses entretiens avec Manoll, vingt-cinq ans plus tard, il propose une version sensiblement différente.

J'ai écrit *L'Or* sans fouiller dans les archives américaines et c'est pourquoi j'ai sous-titré mon récit *La merveilleuse histoire du général J.-A. Suter*. Si j'avais fait un plongeon dans les archives de Washington qui contiennent d'excellents documents qui auraient pu me servir, j'aurais fait un livre moins synthétique, beaucoup plus historique, fourmillant d'anecdotes pittoresques et typiquement de l'époque [...]

Mais à quoi aurais-je abouti si j'avais tenu compte de tous les documents ! D'ailleurs, un document original que j'avais sous les yeux m'a fait faire une erreur monumentale et qui reste impardonnable puisque je connaissais la région du Sacramento, que j'y ai chassé l'ours. Imaginez-vous que je fasse passer les bateaux-mouches place du Tertre à Montmartre, hein, qu'en dites-vous, c'est de taille ! Maintenant je vais vous expliquer pourquoi j'ai commis cette fameuse boulette, que la critique américaine n'a pas manqué de souligner et que j'ai corrigée depuis. J'ai commis cette erreur monumentale justement parce que j'avais sous les yeux un document d'époque, une lettre originale, de la main du vieux Martin Birmann, le seul Bâlois qui était resté en correspondance avec Suter, le tuteur de ses enfants, son exécuteur testamentaire par la suite. Dans cette lettre, le brave homme commettait l'erreur topographique en question et j'étais si heureux de pouvoir donner cette lettre émouvante, unique en son genre, un document rare et précieux, que j'ai perdu tout sens critique et que je me suis laissé aller à entériner cette monstrueuse erreur géographique.

BCVP, p. 583-585.

LES CISEAUX ET LA COLLE

Les vagues souvenirs d'une lecture d'enfance cachaient un travail très précis de collage. C'est ce qu'a établi Jean-Carlo Flückiger, en comparant le début du récit chez Cendrars et Birmann (le texte de ce dernier est suivi de sa traduction française).

CHAPITRE I
La journée venait de finir. Les bonnes gens rentraient des champs, qui une bine sur l'épaule ou un panier au bras. En tête venaient les jeunes filles en corselet blanc et la cotte haut-plissée. Elles se tenaient par la taille et chantaient :
Wenn ich ein Vöglein wär
Und auch zwei Flüglein hätt
Flög ich zu dir...
Sur le pas de leur porte, les vieux fumaient leur pipe en porcelaine et les vieilles tricotaient de longs bas blancs. Devant l'auberge « Zum Wilden Mann », on vidait des cruchons du petit vin blanc du pays, des cruchons curieusement armoriés d'une crosse d'évêque entourée de sept points rouges.
Dans les groupes on parlait posément, sans cris et sans gestes inutiles. Le sujet de toutes les conversations était la chaleur précoce et extraordinaire pour la saison et la sécheresse qui menaçait déjà la tendre moisson.
a) C'était le 6 mai 1834.
Les vauriens du pays entouraient un petit Savoyard qui tournait la

IN DER ALTEN HEIMAT
Ein Tagewerk war wieder vollbracht. Behaglich sammelten sich die Leute vor ihren Häusern zum üblichen Abendsitz.

Sie unterhielten sich allgemein mit ernstlichen Betrachtungen über die ungewöhnliche Hitze des Tages und die überhandnehmende Trockenheit, die sich fühlbar machte im Feld und besonders an den Dorfbrunnen.

manivelle de son orgue de Sainte-Croix, et les mioches avaient peur de la marmotte émoustillée qui venait de mordre l'un d'eux. Un chien noir pissait contre l'une des quatre bornes qui encadraient la fontaine polychrome. Les derniers rayons du jour éclairaient la façade historiée des maisons. Les fumées montaient tout droit dans l'air pur du soir. Une carriole grinçait au loin dans la plaine. Ces paisibles campagnards bâlois furent tout à coup mis en émoi par l'arrivée d'un étranger.

b) Même en plein jour, un étranger est quelque chose de rare dans ce petit village de Rünenberg ; mais que dire d'un étranger qui s'amène à une heure indue, le soir, si tard, juste avant le coucher du soleil ? Le chien noir resta la patte en l'air et les vieilles femmes laissèrent choir leur ouvrage. L'étranger venait de déboucher par la route de Soleure. Les enfants s'étaient d'abord portés à sa rencontre, puis ils s'étaient arrêtés, indécis. Quant au groupe des buveurs, « Au Sauvage », ils avaient cessé de boire et observaient l'étranger par en dessous. Celui-ci s'était arrêté à la première maison du pays et avait demandé qu'on veuille bien lui indiquer l'habitation du syndic de la commune. Le vieux Buser, à qui il s'adressait, lui tourna le dos et, tirant

Jean-Carlo Flückiger, *Au cœur du texte*, A la Baconnière, Payot, 1977, p. 63-67 (D.R.). La traduction du texte de Birmann a été faite par le même critique pour le présent dossier. Nous l'en remercions vivement.

Da kam ein stattlicher Mann auf die Ortschaft zu

und fragte beim ersten Hause nach der Wohnung des Gemeindepräsidenten.

Statt einer Weisung gab der Vater sein Büblein mit, das nun eilen son petit-fils Hans par l'oreille, lui dit de conduire l'étranger chez le syndic. Puis, il se remit à bourrer sa pipe, tout en suivant du coin de l'œil l'étranger qui s'éloignait à longues enjambées derrière l'enfant trottinant.

On vit l'étranger pénétrer chez le syndic.

Les villageois avaient eu le temps de le détailler au passage. C'était un homme grand, maigre, au visage prématurément flétri. D'étranges cheveux d'un jaune filasse sortaient de dessous un chapeau à boucle d'argent. Ses souliers étaient cloutés. Il avait une grosse épine à la main.

Et les commentaires d'aller bon train. « Ces étrangers, ils ne saluent personne », disait Buhri, l'aubergiste, les deux mains croisées sur son énorme bedaine. « Moi, je vous dis qu'il vient de la ville », disait le vieux Siebenhaar qui autrefois avait été soldat en France ; et il se mit à conter une fois de plus les choses curieuses et les gens extravagants qu'il avait vus chez les Welches. Les jeunes filles avaient surtout remarqué la coupe raide de la redingote et le faux-col à hautes pointes qui sciait le bas des oreilles ; elles potinaient à voix basse, rougissantes, émues. Les gars, eux, faisaient un groupe menaçant auprès de la fontaine ; ils attendaient les événements, prêts à intervenir.

musste, um mit dem Manne Schritt zu halten.

« Das ist ein Fremder, denn er grüsst nicht », – « das ist einer aus der Stadt, seinem Rocke nach », so urteilten die verschiedenen Gruppen vor ihren Häusern.

b) Was aber ein Fremder – am hellen Tage schon eine seltene Erscheinung im basellandschaftlichen Dörfchen Rünenberg – in so später Abendstunde noch hier wollte, darüber wusste keiner Bescheid.

Bientôt, on vit l'étranger réapparaître sur le seuil. Il semblait très las et avait son chapeau à la main. Il s'épongea le front avec un de ces grands foulards jaunes que l'on tisse en Alsace. Du coup, le bambin qui l'attendait sur le perron, se leva, raide. L'étranger lui tapota les joues, puis il lui donna un thaler, foula de ses longues enjambées la place du village, cracha dans la fontaine en passant. Tout le village le contemplait maintenant. Les buveurs étaient debout. Mais l'étranger ne leur jeta même pas un regard, il regrimpa dans la carriole qui l'avait amené et disparut bientôt en prenant la route plantée de sorbiers qui mène au chef-lieu du canton. Cette brusque apparition et ce départ précipité bouleversaient ces paisibles villageois. L'enfant s'était mis à pleurer. La pièce d'argent que l'étranger lui avait donnée circulait de mains en mains. Des discussions s'élevaient. L'aubergiste était parmi les plus violents. Il était outré que l'étranger n'ait même point daigné s'arrêter un moment chez lui pour vider un cruchon. Il parlait de faire sonner le tocsin pour prévenir les villages circonvoisins et d'organiser une chasse à l'homme.

Le bruit se répandit bientôt que l'étranger se réclamait de la

Und als der Knabe wieder allein durchs Dorf zurückeilte, als er von allen Seiten befragt, nichts anderes zu sagen wusste als : « es ist ein Hiesiger », da rieten die Leute noch eine Zeit lang her und hin und begaben sich dann zur Ruhe, ohne die wichtige Frage gelöst zu haben.

a) Das war am 6. Mai 1834. Am folgenden Tage wusste es bald das ganze Dorf, dass ein

commune, qu'il venait demander un certificat d'origine et un passeport pour entreprendre un long voyage à l'étranger, qu'il n'avait pas pu faire preuve de sa bourgeoisie et que le syndic, qui ne le connaissait pas et qui ne l'avait jamais vu, lui avait refusé et certificat et passeport.
Tout le monde loua fort la prudence du syndic.

hiesiger Bürger, aus der Fremde gekommen, einen Heimatschein verlangt habe zur Vornahme einer grösseren Reise. Der Präsident jedoch habe ihn nicht gekannt und habe einen neuen Schein erst dann geben wollen, wenn der früher ausgestellte wieder vorgelegt werde.
Jedermann lobte die Vorsicht des Präsidenten.

DANS LA VIEILLE PATRIE

Le labeur d'une journée était une nouvelle fois accompli. Tout à leur aise, les gens venaient s'asseoir devant leurs maisons pour passer la veillée ensemble selon la coutume.

Ils s'entretenaient posément, chacun y allant de sa considération sur la chaleur inhabituelle de la journée et la sécheresse qui s'aggravait et dont les effets se faisaient sentir dans les champs et particulièrement aux fontaines du village.

C'est alors qu'un homme de belle prestance s'approcha de l'endroit et, arrivé à la première maison, il demanda où habitait le président de la commune.

En guise d'indication, le père le fit conduire par son petit garçon qui eut de la peine à suivre les grandes enjambées de l'homme.

« C'est un étranger, puisqu'il ne salue pas ».
– « C'en est un qui vient de la ville, à en juger d'après sa redingote », telles étaient les appréciations portées par les divers groupes devant leurs maisons.

b) Mais ce qu'un étranger – apparition rare, même en plein jour, à Rünenberg, petit village de la campagne bâloise – ce qu'un étranger était venu chercher là, à une heure aussi avancée du soir, personne ne sut le dire.

Et lorsque le garçon revint seul, traversant le village en toute hâte, lorsque, aux questions fusant de tous côtés, il ne sut que répondre : « Il est d'ici », les gens continuèrent à se livrer aux conjectures pendant un temps, puis allèrent se coucher sans avoir résolu cette question capitale.

a) C'était le 6 mai 1834.

Le lendemain tout le village apprit aussitôt qu'un citoyen de Rünenberg, venu de l'étranger, avait réclamé un certificat d'origine afin d'entreprendre un grand voyage, mais que le président ne le connaissait pas et avait refusé de faire un nouveau papier avant que celui précédemment délivré n'ait été produit devant lui.

Tout le monde loua la prudence du président.

V. POLÉMIQUES EN CALIFORNIE

LANCEMENT DU ROMAN

Sous le titre « Qui veut de l'OR ? Qui veut de l'OR ? », Cendrars adresse une « Lettre ouverte aux libraires américains », où il présente son roman par un dialogue.

LETTRE OUVERTE
AUX LIBRAIRES AMÉRICAINS

Libraires Américains,
Si vous n'avez pas mon livre en boutique, réclamez-le à son éditeur !

Sutter's Gold by Harpers & Brothers

Si vous avez mon livre en boutique, mettez-le dans votre vitrine !

Sutter's Gold by Harpers & Brothers

Si vous avez mon livre en vitrine, mettez le drapeau américain autour et une photo du héros de mon livre, un portrait du *Général Sutter !*

Sutter's Gold

— Qui ? quoi ? comment ? qui nous écrit ?
— C'est moi, Blaise Cendrars, l'auteur du roman *L'Or* publié à Paris et que les éditeurs Harpers & Brothers de New York viennent de lancer aux États-Unis sous le titre de *Sutter's Gold* dans la belle traduction de Henry Longan Stuart.
— Eh quoi, vous venez nous parler d'un roman parisien...
— Écoutez ! Oui, c'est un roman français, mais il n'est pas comme les autres.
— Tous les auteurs disent ça.
— Écoutez ! C'est un roman et c'est un film. C'est un film et c'est de l'Histoire. C'est la plus

Texte inédit, Fonds Blaise Cendrars. Archives Littéraires Suisses, Bibliothèque Nationale Suisse, Berne.

belle histoire du monde. C'est une histoire vraie... et l'on peut gagner beaucoup d'argent.

– Et quelle est cette histoire ?

– C'est l'histoire de la découverte de l'or en Californie.

– Mais nous avons déjà vu cela au cinéma et nous avons des quantités de livres sur les chercheurs d'or.

– Attendez. Je ne vous parle pas de ce que vous avez déjà vu et mon héros n'est pas un héros littéraire, un vulgaire chercheur d'or. C'est un homme. Je vous parle de l'homme qui a déclenché le rush de 1848, 49, 50, 51, de l'homme le plus riche du monde, l'homme qui a découvert l'or californien, de l'homme qui avait horreur de l'or !

– Vous dites ? de l'homme qui avait horreur de l'or ?

– Oui. Mon histoire est l'histoire du PREMIER MILLIARDAIRE AMÉRICAIN QUI A ÉTÉ RUINÉ PAR LA DÉCOUVERTE DE L'OR SUR SES TERRES. Et que l'or a rendu fou.

– Et qui est cet homme ?

– Le GÉNÉRAL SUTTER.

– Le général Sutter ?

– Oui, le GÉNÉRAL SUTTER.

– Nous ne connaissons pas ce général.

– C'est justement pourquoi je vous en parle. C'est un pionnier, un héros obscur comme l'histoire de votre nation en abonde. C'est le *John Paul Jones de l'Ouest*, le défricheur de la Californie, l'animateur de Frisco.

– Et il a réellement existé votre Sutter, ce n'est pas un héros sorti de votre imagination ?

– C'est un général américain, nommé par le Congrès le 9 septembre 1854, le jour du cinquième anniversaire de la ville de San Francisco.

– Mais vous nous disiez que votre livre est un roman français ?

– C'est un roman français parce que je suis

français et que je l'ai écrit pour le public français ; mais il est des vies si extraordinairement chargées de potentiel humain qu'elles intéressent les hommes de tous les pays. La vie du général Sutter est de celles-là. Mon livre a été traduit dans toutes les langues européennes. C'est pourquoi je m'adresse à vous pour le faire connaître dans votre pays.

— Mais pourquoi avez-vous écrit l'histoire du général Sutter ?

— Pour qu'on lui rende enfin justice, pour que la Californie élève une statue au général, pour que la Ville de San Francisco achète le portrait de Johann August Sutter.

— Ah, il y a quelque part un portrait du général Sutter ?

— Regardez la photographie ci-jointe. C'est une reproduction du portrait de Sutter qui est au Musée des Beaux-Arts de Soleure en Suisse.

— Et pourquoi en Suisse ?

— Parce que Sutter, l'homme le plus riche du monde, n'a jamais pu payer l'artiste à qui il l'avait commandé. Ce portrait a été peint à Washington en juin 1886. Sutter était ruiné par la découverte de l'or. Il plaidait son fameux procès. Et comme l'affaire traînait, l'artiste, un Suisse, Frank Buchser, retourna, découragé, dans sa patrie en emportant ce portrait.

— Mais vous disiez qu'il y avait beaucoup d'argent à gagner ?

— Oui, durant quelques années encore.

— Que voulez-vous dire ?

— Il y a le PROCÈS DU GÉNÉRAL SUTTER.

— Quel procès ?

— Lisez mon livre.

Blaise Cendrars
17 rue du Mont-Dore
Paris XVII
(France)

VIE ROMANCÉE OU ROMAN VÉCU ?

Cendrars réplique aux attaques, le 4 mars 1927, par une autre « lettre ouverte », cette fois à l'intention de ses éditeurs Harpers et Brothers. Nous retenons quelques points clefs de son argumentation.

1) Le titre complet de l'édition française de *Sutter's Gold* est *L'Or, Histoire merveilleuse du général J. A. Suter.* Le mot « merveilleux » indique que je n'ai jamais eu l'intention d'écrire la biographie officielle, historique et détaillée du général J. A. Sutter.

J'ai fait œuvre d'artiste et non pas d'historien, un livre synthétique et non pas analytique, une multiplication et non pas une addition, un portrait vivant du général et non pas le déshabillage d'une momie.

Une œuvre de fiction.

Un roman.

C'était mon droit le plus absolu. Ma seule raison d'être un écrivain.

[...]

3) Si, néanmoins, dans le début de mon histoire, certains épisodes de la vie du général Sutter sont douloureux (le général lui-même les appelait des « péchés de jeunesse »), ne croyez pas que je les relate par amour du scandale. Au contraire, je ne les cite que parce que ce sont des faits, assez insignifiants par eux-mêmes, mais qui déclenchèrent la vie aventureuse du général et qui devaient aboutir à l'éveil de l'Ouest, à la Grande Ruée vers l'Or, à l'édification de San Francisco, etc. etc. Voyez que ces petits faits de sa jeunesse étaient gros de conséquences historiques.

[...]

6) J'ai raconté l'histoire de *Sutter's Gold* le

Document inédit pour l'essentiel, Fonds Blaise Cendrars. Archives Littéraires Suisses, Bibliothèque Nationale Suisse, Berne.

plus simplement et le plus véridiquement que j'ai pu, me bornant *à romancer* quelques épisodes, ainsi la mort de Mme Sutter et la fin du général, que j'ai brusquées toutes les deux en précipitant et regroupant mille petits détails vrais ou vraisemblables qui s'échelonnaient en réalité sur un plus grand nombre d'années.

7) Pour des raisons de *convenance* j'ai également changé les noms des enfants du général. Ainsi quand je fais se tuer Émile, l'avocat, dans un bouge de San Francisco, en 1849, il s'agit, historiquement, d'Émile Victor Sutter qui s'est empoisonné, dans un hôtel meublé à Anvers, Belgique, en 1884 seulement.

Ceci est mon droit d'écrivain le plus absolu et je n'ai pas à défendre ces empiètements de la fiction. Les 9/10e des « romans historiques » sont ainsi faits et je ne citerai par mémoire que les romans d'Alexandre Dumas, ceux de Victor Hugo et dans la littérature américaine que *The Pilot* de James Fenimore Cooper, qui est une histoire entièrement fictive de John Paul Jones et qui est devenue un livre pour ainsi dire classique ! (D'ailleurs, toute l'industrie du film ne profite-t-elle pas de ces entorses que les metteurs en scène se permettent vis-à-vis de la vérité historique ? à tel point que dans le cas de *Sutter's Gold* une grande compagnie américaine me demande de changer toute la fin de mon livre sous prétexte qu'un film doit toujours se terminer « bien » et sans aucun égard pour la vérité historique ou pour la simple vérité humaine de mon personnage.)

8) Maintenant j'arrive à la seule erreur historique que je reconnais avoir commise : c'est celle de l'arrivée de Sutter et de ses compagnons à Sacramento. Je les fais remonter la vallée à cheval ! A travers la forêt vierge, les rivières et les marais !

J'avoue que je me suis grossièrement trompé. Permettez-moi de vous raconter pourquoi.

Je connaissais plusieurs versions *orales* de ce débarquement et j'avais sous les yeux une version *écrite* et une estampe populaire allemande (parue vers 1880 ?).

Entre les versions orales qui racontaient le voyage fait en barque ou en pirogue de Sutter, seul ou en compagnie, armé d'un canon et luttant avec les Peaux-Rouges et ce récit de la cavalcade à travers la forêt vierge, récit écrit émanant de Birmann, je me suis laissé séduire par le document *écrit*. J'avoue que j'ai eu tort. Mais que voulez-vous, j'ai pu me procurer si peu de documents écrits concernant Sutter que je me suis laissé aveugler pour une fois, moi, qui connais la forêt vierge et ses difficultés de terrain et d'approches, moi, qui y ai vécu ! C'est vous dire combien on peut être impressionné par ce qui est imprimé.

9) Malgré cela, malgré les erreurs de détail que j'ai pu omettre, malgré tous les reproches, critiques, accusations même de mensonges, aucun de vos correspondants n'a touché au fond même de l'histoire que j'ai racontée, et c'est ce fond seul qui intéresse, qui est vrai et qu'il faut mettre à jour, l'histoire dramatique des débuts de la civilisation en Californie et dont la personne même du général J. A. Sutter n'est qu'un symbole. Le général veut une statue et il faut beaucoup d'ouvriers pour la lui dresser. Mettons que je n'ai fait qu'une première ébauche.

Je vous autorise à faire de la présente lettre l'emploi que vous jugerez le plus utile et croyez-moi, chers Messieurs, votre bien dévoué
Blaise Cendrars

P.S. Pour rassurer quelques-uns de vos correspondants qui se demandent de quel droit un « aventurier » se mêle d'écrire le roman du général Sutter, apprenez-leur qu'un « aventurier » se mêle de tout, même d'avoir déjà écrit 15 volumes, d'en avoir 5 autres sous presses et d'en avoir encore 33 à faire, dont plusieurs autres romans d'aventures.

B.C.

Parmi les protestations, une des plus véhémentes provient de l'archiviste de la Congrégation morave de Lititz, un M. H. Beck que scandalise la description que *L'Or* propose de sa secte et qui met les choses au point avec une sainte indignation, le 9 janvier 1932, dans un français savoureux.

[...] J'ai l'avantage et le privilège de vous dire que je suis en possession de documents authentiques qui montrent bien la fausseté du développement du thème de ce livre de Cendrars, auteur si mal inspiré. Il a traité un sujet digne d'admiration et de vénération d'une façon ignoble pour une raison commerciale, celle de vendre son livre. En faisant cela il a souillé le nom de John Sutter, ce qui est à déplorer, et il a calomnié les Moraves à un tel point que si ses calomnies avaient été dirigées contre un individu au lieu de contre un humble groupe de Chrétiens, rien ne pourrait lui éviter un procès très coûteux.

[...]

Il n'a jamais existé dans cette communauté de scélérat tel que Johannès Christitch (voir *Sutter's Gold*, p. 16). Ce nom-là n'a jamais été connu à Lititz. La communauté ne possédait jamais de puits de pétrole. Il n'y avait aucune règle de vie « Adamist » ni communauté de propriété et de biens individuels et la chose la moins possible qui eût pu exister dans le pieux bourg aurait été une *communauté de femmes* (p. 161).

Lorsque Sutter arriva à Lititz vers 1870 la congrégation des Moraves avait depuis longtemps discontinué ses entreprises commerciales.

Document inédit, Fonds Blaise Cendrars. Archives Littéraires Suisses, Bibliothèque Nationale Suisse, Berne.

Le général Sutter ne devint jamais membre de l'Église morave (voir p. 160). Il choisit Lititz comme résidence parce que les écoles très avancées de jeunes filles et de garçons offraient les facilités nécessaires à l'éducation de ses petits-enfants.

Tous ceux qui connaissaient le général Sutter se le rappelaient comme un homme très comme il faut, inoffensif sous toute apparence et très bon. Quand il fut enterré à Lititz en 1880 il jouissait d'une si haute considération qu'on lui accorda un coin d'honneur dans le cimetière. John C. Tremont et beaucoup d'autres personnes bien connues vinrent assister à ses funérailles.

La femme de Sutter qui mourut à Lititz en 1881 fut enterrée dans le même tombeau à côté du général. Cendrars dit dans son livre qu'elle mourut dans les bras de son mari en Californie.

La valeur littéraire de *Sutter's Gold* est très médiocre et le livre contient une série de faits purement imaginaires qui ont honteusement profané la mémoire du digne vieux général et qui ont aussi calomnié impitoyablement le caractère d'une très noble secte religieuse.

Heureusement le livre sera sous peu oublié parmi les nombreux livres qui surchargent les planches des bibliothèques, emportant avec lui le crime de son auteur et le déshonneur de ses éditeurs américains et français.

L'OR ET SES SUITES

En 1939, le grand écrivain autrichien Stefan Zweig écrit à son tour une vie de Suter (avec un seul t)... qu'il tire de *L'Or*. En voici « La fin ».

LA FIN

L'homme le plus riche du monde ? Non, encore une fois, non ! Le plus gueux des mendiants, le plus infortuné, le plus éprouvé des hommes ! La destinée lui joue de nouveau un de ses tours perfides, mais qui cette fois le terrasse définitivement. A la nouvelle du jugement la tempête éclate à San Francisco et dans tout le pays. Dix mille hommes s'ameutent : les propriétaires menacés, suivis de la populace, de la canaille toujours avide de pillage ; ils prennent d'assaut le palais de Justice et l'incendient, veulent lyncher le juge ; puis cette troupe formidable se dirige sur la résidence de Suter pour la mettre à sac. Son fils aîné se tire une balle dans la tête, le second meurt assassiné, le troisième se noie en retournant en Suisse. Une vague incendiaire déferle sur la *Nouvelle Helvétie*, les manufactures, les fermes de Suter sont réduites en cendres, ses vignes ravagées, on lui vole ses meubles, ses collections, son argent, avec une inexorable fureur on fait de ses immenses possessions un désert. Suter lui-même n'échappe qu'à grand-peine à la tourmente.

Johann August Suter ne s'est jamais relevé de ce coup. Son œuvre est anéantie, sa femme, ses fils sont morts, son esprit divague : une seule lueur de raison vacille encore au fond de son cerveau obscurci : il pense toujours à ses droits, à son procès.

Pendant vingt ans un vieillard mal vêtu, faible d'esprit erre dans les couloirs du Palais de Justice de Washington. Dans les bureaux tout le monde connaît le « Général » avec sa redingote crasseuse, ses chaussures déchirées, qui vient réclamer ses milliards. Et il se trouve sans cesse des avocats, des aventuriers, des filous pour lui soutirer les derniers sous de la pension que lui a faite le

Stefan Zweig, « La découverte de l'El-dorado », in Les très riches heures de l'humanité.
© Fischer Taschenbuch Verlag, 1986.
© Éditions Belfond, 1990 pour la traduction française.

gouvernement, pour le pousser à poursuivre son procès. Le malheureux ne demande pas d'argent, il hait l'or qui l'a rendu pauvre, l'or qui a tué ses trois fils, l'or qui a brisé sa vie. Il n'exige que son droit et le défend avec l'acharnement infatigable du monomane. Il réclame au Sénat, il réclame au Congrès, il se confie à toutes sortes de gens qui, voulant mener l'affaire avec éclat, lui font revêtir un uniforme ridicule et promènent le pauvre diable comme un pantin, de bureau en bureau, de député en député. Cela dure de 1860 à 1880, vingt années de quémanderies pitoyables. Il est devenu la risée des fonctionnaires, le jouet des polissons, l'homme à qui appartient le pays le plus riche du monde, le sol sur lequel s'élève et se développe d'heure en heure la seconde capitale d'un immense empire ! Et l'on continue à faire attendre l'importun. C'est sur les marches du Palais des Congrès, l'après-midi du 17 juillet 1880, que le surprend enfin l'apoplexie libératrice. On emporte son cadavre, le cadavre d'un mendiant qui a dans sa poche un écrit lui conférant à lui et à ses héritiers des droits que ne peut contester aucune juridiction humaine à la plus grande fortune de l'Histoire.

Personne jusqu'ici n'a émis de prétentions concernant l'héritage de Suter, aucun descendant ne l'a revendiqué. San Francisco, un pays tout entier, se trouve toujours édifié sur le bien d'autrui. On ne s'est pas encore prononcé à ce sujet et seul un artiste, un écrivain de haut talent, Blaise Cendrars, a, dans *L'Or,* rendu à Johann August Suter, à ce grand oublié, la justice due à un grand destin, le droit au souvenir émerveillé de la postérité.

Enfin J.-P. Zollinger vint... Telle fut, du moins, son opinion. Contre Cendrars, cet historien américain d'origine suisse se donna pour mission d'écrire une

biographie du véritable Sutter, et son livre, à l'arrivée – beaucoup de faits en plus et le talent en moins – confirme surtout la justesse des intuitions et des options du romancier. L'épilogue est un morceau de bravoure à l'humour involontaire.

Ainsi se terminèrent les aventures terrestres d'une des figures humaines les plus attachantes par sa diversité d'aspects. Il se put que Sutter ait gaspillé une bonne part de son énorme énergie à poursuivre un idéal à la fois inutile et charmant du XVIIIe siècle. Malgré cela, sa personne a pour nous un sens spécialement représentatif par le fait qu'il incarne certains traits du XIXe siècle : l'état d'âme romantique et la lutte universelle pour l'expansion coloniale. Avec lui meurt le dernier romantique et le dernier pionnier colonisateur de l'Amérique.

[...] Certes, cet homme-là ne pouvait venir d'autre part. Car il fut, au plus haut degré, un de ceux qui ne firent rien de bon à la maison, mais qui « chose étrange ! » réalisèrent des choses d'autant plus grandes quand ils furent « sortis de chez eux ».

D'ailleurs, aujourd'hui encore, les caractères communs typiques ne manquent pas : la curieuse fusion de l'esprit démocratique populaire avec la grandeur royale de l'autonomie ; le sens très marqué de la beauté et de l'atmosphère champêtres ; l'amour de la musique ; le goût des voyages à pied ; l'imagination fabulatrice, particulièrement caractéristique des tribus alémaniques ; le puissant talent pédagogique que Sutter déploya tout au moins comme civilisateur des Indiens. Combien ses sentiments humains et paternels envers les immigrants misérables rappellent Henri Pestalozzi ! Et même, en tant que philanthrope, Sutter n'a-t-il pas été comme un précurseur d'Henri Dunant et de la Croix-Rouge ?

J.-P. Zollinger, *Vie et aventures du colonel Sutter, Roi de la Nouvelle Helvétie*, Lausanne, Payot et Cie, 1939, p. 312-314.

N'oublions pas enfin ses dons de polyglotte, son aptitude à se servir en amateur habile de quatre ou cinq langues, sans en savoir aucune à fond.

Oui, un Suisse bon teint ! De son vivant, il n'a jamais voulu être rien d'autre qu'un Suisse.

« Le 9 septembre 1854, le peuple de la Californie en entier est soulevé d'enthousiasme. On célèbre le quatrième anniversaire de l'entrée de la Californie dans l'Union et le cinquième anniversaire de la fondation de la ville de San Francisco. »
Bois de F.M. Salvat pour *L'Or*. Extrait du Livre Moderne illustré Ferenczi et fils éd.
Ph. Editions Gallimard © A.D.A.G.P., 1991.

VI. LA FORMULE DU ROMAN

ÉLOGE DES LÉGENDES

Cendrars a souvent reconnu ses dettes envers Gourmont. Dès le mois d'août 1910, Freddy Sauser rend hommage au maître en écrivant « Le dernier des Masques : Remy de Gourmont », qui restera inédit. L'idée de légende le hante déjà.

[...] je ne veux détruire aucune légende. Mécislas Golberg a démontré que chaque grand homme crée la sienne. Ainsi, Pythagore, Jésus, Napoléon. Des amis ont rédigé celle de Socrate, et Baudelaire, comme tout ce qu'il entreprenait, a construit la sienne avec beaucoup d'application. C'est peut-être un des traits les plus caractéristiques du génie que ce besoin de se créer une légende. Comme les enfants, le génie, ce suprême enfant, veut rêver à des histoires dont il est le héros. C'est ce que Nietzsche appelait la volonté de puissance.

La bête humaine est si sentimentale que le cerveau est au théâtre comme dans son écurie. La mémoire des hommes est un vaudeville ou un cimetière éclairé à l'électricité. La foule ne connaît qu'un sentiment esthétique : le délassement. Et par délassement, elle entend : la rigolade. (Ce mot est comme un hennissement.) Il lui faut des attitudes et des poses. – La gloire est un boniment. Le génie qui entre en contact avec les hommes est polichinelle ou poupée entre leurs mains. Il joue à la place de l'homme de paille.

Je ne touche jamais aux légendes. C'est la forme sous laquelle les génies (et les dieux) communient avec l'humanité.

IS, p. 54-55.

Son désir de légende, sa quête de la pierre philosophale, c'est sous le signe d'Orion que Cendrars les place à partir de 1917. Au mythe central de son œuvre de la main gauche, il consacre une des plus célèbres *Feuilles de route*.

ORION

Feuilles de route, ACM, p. 34.

C'est mon étoile
Elle a la forme d'une main
C'est ma main montée au ciel
Durant toute la guerre je voyais Orion par un créneau
Quand les Zeppelins venaient bombarder Paris ils venaient toujours d'Orion
Aujourd'hui je l'ai au-dessus de ma tête
Le grand mât perce la paume de cette main qui doit souffrir
Comme ma main coupée me fait souffrir percée qu'elle est par un dard continuel

NOTULE SUR LE ROMAN FRANÇAIS

Ce texte clef, daté du 15 avril 1929, est un des rares manifestes de Cendrars.

La modernité a tout remis en question.

A, p. 179.

Notre époque, avec ses besoins de précision, de vitesse, d'énergie, de fragmentation de temps, de diffusion dans l'espace, bouleverse non seulement l'aspect du paysage contemporain, mais encore, en exigeant de l'individu de la volonté, de la virtuosité, de la technique, elle bouleverse aussi sa sensibilité, son émotion, sa façon d'être, de penser, d'agir, tout son langage, bref, la vie.

Cette transformation profonde de l'homme d'aujourd'hui ne peut pas s'accomplir sans un ébranlement général de la conscience et un détraquement intime des sens et du cœur : autant de causes, de réactions, de réflexes qui sont le drame, la joie, l'orgueil, le désespoir, la passion de notre génération écorchée et comme à vif.

Seule la formule du roman permet de développer le *caractère actif* d'événements et de personnages contemporains qui, en vérité, ne prennent toute leur importance qu'en *mouvement.*

Depuis quelque cinq ans, le roman français sert dans le monde à la mise au point du nouveau régime de la personnalité humaine.

LA VIE ET LES ARCHIVES

Entrepris juste après *L'Or*, *John Paul Jones ou l'ambition* est resté inachevé. L'importante préface de ce roman, « Touchez du doigt » (1926), précise un projet de roman hagiographique (moins ce nom), tout en désignant l'écueil contre lequel le projet sombrera : l'abondance des archives.

Si je n'ai pas beaucoup fréquenté les archives, je ne méprise nullement les documents qui sont avant tout une merveilleuse source d'erreurs et de discussions.

JPJ, p. 25-28.

J'aime les théories et les hommes, mais je n'aime pas leurs préjugés ; et comme je rudoie quelqu'un qui m'embête ou m'importune, car je n'ai pas beaucoup de temps à perdre, je n'aime pas beaucoup les théories qui deviennent des dogmes, qui se figent et qui s'endorment.

Je n'aime pas la quiétude de l'esprit.

Je me réserve le droit de tout réveiller.

Je n'oublie jamais que le passé aussi est avant tout une chose mouvante, comme aujourd'hui, et que tout ce qui a vécu vit encore, change, permute, bouge, se transforme, et que la vérité se contredit cent fois par jour comme une bonne bavarde qu'elle est.

Les savants, les érudits, les spécialistes et surtout les historiens de cabinet devraient adorer leur cerveau comme les femmes leurs corps et suivre la mode de tous les ans, raccourcir ici, pincer là, s'échancrer un peu par devant et montrer un peu plus de nu. Combien y en a-t-il dont les lobes du cerveau sont aussi bien tournés que deux beaux seins ?

Mais non, ils s'enfoncent dans les archives, se dissimulent derrière les documents, s'engoncent dans les textes ; mais celui qui a des yeux pour voir distingue bien entre les lignes leur face camuse d'hypocrites et leur profil de cafards et de moralistes, leur corps de larves.

Puisqu'ils percent ainsi malgré tout entre les lignes et qu'ils grignotent les textes, piquent et abîment les documents comme les vers et les rats des archives, pourquoi ne voulez-vous pas que j'apparaisse tout entier derrière un document, sportif et gai, et pourquoi me reprocher plusieurs entorses à la vérité historique ?

Je défendrai toujours la Vie.

Et la seule Histoire c'est la Vie.

Et la seule Vérité c'est la Vie.

*

Qu'est-ce que la Vérité Historique ?

Et qu'est-ce qu'un Document ?

Une interprétation toujours, tendancieuse ou artistique.

Un tremplin.

Pour bondir.

Dans la réalité et la vie.

Au cœur du sujet.

Car l'historien aussi est avant tout un homme, et le plus objectif, le plus froid commente encore.

La Vérité Historique c'est le point de vue de Sirius. On ne distingue plus rien de cette hauteur.

Il faut descendre, se rapprocher, faire un gros plan. Voir. Voir de près. Se pencher sur. Toucher du doigt. Découvrir l'humain.

La Vérité Historique c'est la mort.

Une Abstraction.

De la Pédagogie.

UN FILON

Autre projet avorté, *L'Argent* (1934) fait voir que Cendrars cherchait à exploiter le succès de *L'Or*, fût-ce en se pastichant lui-même. Voici le plan de ce projet peu connu.

BLAISE CENDRARS *IS*, p. 413-414.
L'ARGENT
(Histoire mirobolante de Jim Fisk)

LA VIE DE JIM FISK

C'était un lutteur acharné, l'opposition ne faisait qu'exciter sa soif de combat.

I. Wall-Street
Comment il :
1. partit avec le Grand Cirque (1852) ;
2. fit fortune dans la contrebande du coton ;
3. perdit cette fortune à Wall-Street ;

II. La Femme Écarlate de Wall Street
4. s'associa à Jay Gould pour mettre le grappin sur l'Erié Railroad C° ;
5. battit le commodore Vanderbilt sur son propre terrain ;
6. déclencha le scandale du Crédit Mobilier ;
7. ruina l'oncle Daniel Drew ;
8. devint l'amiral de la Fall River Line ;

III. Le Vendredi Noir
9. organisa avec Gould la panique de l'or et fut le champion du Vendredi Noir ;
10. introduisit l'Opéra Bouffe français en Amérique ;
11. devint colonel du 9ᵉ régiment ;

IV. L'Amour et la Mort
12. s'amouracha de Josie Mansfield ;
13. et fut assassiné par son meilleur ami Edward S. Stork.

Le Tremblay, 21 août 1934

AUTOCRITIQUES

Paru en 1952, mais écrit à la veille de la guerre, « Sous le signe de François Villon » est un des textes les plus passionnants, les plus révélateurs de Cendrars. Il y nomme ses pairs : Villon, Rimbaud, Nerval, annonce l'écriture rhapsodique des Mémoires. Avec une parfaite mauvaise foi, il s'en prend vigoureusement à Francis Carco, auteur d'un *Villon*, pour régler ses comptes avec un genre qu'il a illustré mais renie aujourd'hui : celui des vies romancées.

[...] Mais déjà Remy de Gourmont avait constaté que l'art de la biographie est un genre spécifiquement anglais qui offre bien peu d'exemples de réussite en France. [...] La vérité historique coupe les ailes au romancier, ou ses ficelles, et détraque tous ses effets. Or, un roman a sa propre architecture et ses matériaux sont le réel et l'irréel, l'invention et le document, l'analyse des sentiments et la synthèse psychologique, les nerfs et le cœur, l'observation et le rêve, le vocabulaire et le verbe, l'action qui libère et la vision qui crée les personnages du roman ; c'est pourquoi un

SSFV, p. 57-59

roman est l'expression d'une conception héroïque de l'existence et c'est pourquoi le héros d'un roman est toujours aux antipodes des contingences de la vérité historique telle que les érudits, ces détectives scientifiques, ces policiers bertillonneurs de l'histoire, mais aussi ces saint-Thomas qui ne croient pas à la vie et à la résurrection, conçoivent cette vérité... et c'est encore pourquoi les *Vies romancées* sont un genre hybride qui offre peu de chances de réussite à un romancier et que les *Romans historiques* sont neuf fois sur dix soit une platitude (Walter Scott), soit une enflure (Alexandre Dumas).

Certes, Villon a été un voleur et, peut-être, pis que ça. Mais c'est un point de vue bien exclusif que d'en faire le plus mauvais garnement du royaume et de vouloir expliquer sa poésie par ses mauvaises fréquentations et la vie criminelle qu'il a menée. Cette thèse est indéfendable, car elle est psychologiquement fausse et l'on n'arrivera pas plus à l'établir qu'à expliquer le don de poésie de François d'Assise par sa vie de sainteté. Malgré la vie dissolue de l'un et de pure contemplation de l'autre, les deux François ont les mêmes stigmates qui leur font pousser les mêmes soupirs de l'âme et des gémissements, et si, celui qui est en prières, se dépouille de tout pour ses frères, l'autre, dans un terrible éclat de rire, donne tout ce qu'il possède, et même ce qu'il ne possède pas en propre, à ses compagnons d'orgie et de misère. Les *Fioretti* et les *Lais* coulent de la même source. Leur vie ne fait pas plus le poète que l'habit ne fait le moine. Et vice versa. Une vie, cela ne prouve rien. La poésie non plus. Pourquoi sommes-nous sur terre ? Tout est gratuit. Surtout la grâce. Et l'esprit souffle où il veut.

VII. L'ACCUEIL

"VIENT DE PARAÎTRE"

A la sortie de *L'Or*, Grasset diffuse le texte suivant, dont Cendrars, selon Boillat, a pu fournir le canevas :

« Blaise Cendrars qui fut, lui aussi, mais avant tous autres, dadaïste, surréaliste, etc. nous donna, même dans cette forme outrancière, des œuvres remarquables, qui lui valurent une réelle célébrité dans le petit monde des lettres.

L'Or ; la merveilleuse aventure du Général Johann August Suter, est son premier roman.

Sans doute ce n'est pas une œuvre du genre de *Kodak,* de *Formose,* de *Feuilles de route,* de *J'ai tué* (dont les trente pages étranges forment d'ailleurs l'un des plus beaux récits de guerre). Mais n'est-ce pas tant mieux que le grand public puisse apprécier enfin le vrai aspect du talent d'un de ces jeunes hommes qui s'appliquent trop souvent à le cacher sous une apparence paradoxale et hermétique ?

Le Général Johann August Suter, cet aventurier suisse dont Blaise Cendrars nous raconte l'histoire, invraisemblable et pourtant scrupuleusement vraie, fut involontairement le premier des chercheurs d'or de Californie.

Il était devenu, à force d'audace, le fondateur et le maître des riches territoires de Californie dont il avait fait une sorte de Paradis patriarcal. Propriétaire de tous les terrains sur lesquels devait s'élever San Francisco, et des milliers d'hectares aux environs, où furent découverts des filons aurifères, nous le voyons ruiné du jour au lendemain par la découverte de l'or... Ni justice ni loi ne purent défendre l'infortuné contre la

> Cité par Gabriel Boillat, in *A l'origine, Cendrars,* op. cit., p. 195-196.

spoliation : dix États américains, trente mille habitants, lui devaient des centaines de milliards aux termes des lois : il mourut à demi fou, misérable après une heure d'apothéose, ayant vécu maigrement d'une rente du gouvernement.

D'une si merveilleuse aventure, que ne pouvait tirer la fantaisie étourdissante de Blaise Cendrars ?

Livre amusant, au demeurant : ce qui ne gâte rien. »

REVUE DE PRESSE

Dans *L'Homme libre,* le 16 avril 1925, Paul Lombard donne l'exemple d'une critique résolument épique.

[...] C'est beau, effrayant, symbolique et marqué du sceau de la fatalité, comme la Tétralogie. C'est l'histoire d'une destinée née sous la patte velue d'un Dieu qui s'amuse.

Dans cet ouvrage Cendrars a enseveli dix années de sa vie, laquelle se lit, entre les lignes, comme brillent les paillettes d'or dans le sable mouvant du sol californien. Cette vie, qui saurait en fixer les contours, en établir le cycle pathétique, en dérouler le lien intégral ? Cendrars lui-même ne s'y reconnaîtrait pas, dans la nécessité où il serait de séparer ce qu'il a réellement vécu de ce qu'il a imaginé, ce que les nécessités lui ont commandé de faire et ce qu'il a rêvé. Mais il n'est pas excessif de proclamer qu'il reste l'homme qui, luttant contre les courants de l'adversité, les hasards contraires, a le plus approché sa barque des opulentes cités qu'il avait entrevues.

Cher Cendrars, où êtes-vous ? Dans quel pays remuez-vous les ors, les idées, les âmes ? Votre éditeur l'ignore qui m'a fourni une demi-douzaine de vos adresses... Mais je vous vois encore sous les bombes de 1918. Avec le crochet de fer qui

Cité par Miriam Cendrars, in *Blaise Cendrars, op. cit.*, p. 596-598.

vous tient lieu de bras, vous happiez les personnes présentes qu'effrayaient vos airs de pendu dépendu et vos vêtements trop lâches, et vous les entraîniez tous dans un tourbillon qui était l'image anticipée de votre livre, lequel est l'image du monde, de tous les mondes et le reflet de tous les temps.

Figure imposée de la critique : Joseph Delteil – proche alors de Cendrars – dresse un parallèle entre le personnage et l'auteur.

Blaise Cendrars a regagné Paris avec une cargaison de romans. Voici *L'Or*. Et voici sept volumes sous presse. Et voici six volumes en préparation. Le cerveau de Blaise Cendrars a la végétation tropicale.

L'Or : quel titre, tout un poème ! L'une des plus vastes fascinations du monde ! J'eusse aimé voir ce titre s'étaler en lettres d'or, sur couverture d'argent. [...]

C'est l'histoire d'une volonté, de la volonté de l'homme, l'un des contes les plus capables d'enorgueillir l'homme. Cendrars l'écrit avec une sécheresse, une froideur incroyables. C'est le style des bilans. Non, plus rien, absolument rien du vieux Cendrars, du Cendrars des *Poèmes élastiques*. Plus une image, plus une belle alliance de mots. Mais des chiffres, des faits. Le journal de bord d'un homme d'action.

J'avoue qu'un peu de poésie ne m'eût pas déplu, quelques phrases. Et cette ruée du monde sur l'or, volontiers je la verrais décrite avec quelque pathétique, quelque grandiose. Mais quoi ! Cendrars a horreur de la poésie et de la littérature. Et il y a une poésie des faits, la plus belle...

J'aime assez cette vie de Blaise Cendrars, commencée dans les beaux jeux, poursuivie dans les plus beaux pays du monde, du Nouveau-

La Nouvelle Revue française, n° 140, 1er mai 1925, p. 944-945 (D.R.).

Monde. L'un des premiers cet homme a reconnu que la planète Terre est bonne, et qu'il est grand d'y vivre. Un jour, on écrira : la Vie merveilleuse du général Blaise Cendrars.

Pas de clivage idéologique chez les commentateurs. Marcel Fourrier dans *Clarté*, **tout comme Orion (Jacques Bainville) dans** *L'Action française*, **communient dans l'éloge.**

VAGABOND ET ROI

L'Action française, 15 avril 1925.

L'auteur a romancé le détail, celui des attitudes et celui des costumes. Il a romancé la nuance des sentiments. Le canevas lui était donné par la réalité. Trame et commentaire forment un récit d'un bel art sans bavure, qui hésite un peu dans le dernier tiers du volume, mais par une légère fatigue du narrateur, plutôt que par une défaillance de sa poétique. A tout prendre, cette manière cursive et elliptique est faite pour être goûtée des classiques les plus résolus. Elle trouverait même chez eux des modèles, qu'elle sera sage d'imiter. La Fontaine et Voltaire soudain retrouvés après le grand détour que détermina Rimbaud, quelle aubaine !

Sur le fond des pensées, *L'Or* est curieux par un étrange sentiment nostalgique du vagabondage et de l'aventure. Par là, Cendrars et Mac Orlan s'apparentent ou se complètent. Car Suter, avant d'être général et millionnaire, fut errant. Il avait quitté la Suisse natale sans un sou, mystérieusement attiré, plus séduit que chagrin. Il laissa quinze années les siens sans nouvelles. Ses domaines, ses fermes, ses troupeaux couvrirent des provinces, où il fut comme roi, traitant d'égal à égal avec les nations, avec le Mexique, avec New York, jusqu'à ce qu'un jour une pioche déterrât une étincelle... Alors le flot des humains recouvrit irrésistiblement ses richesses, et il mourut en maniaque, affolé par la chicane de vingt mille procès. La ville de San Francisco avait grandi sur ses parcs.

N'est-ce pas que la planète passe en invention le plus fertile romancier ? Ce n'est pas le moindre mérite de Cendrars qu'il ait si bien traduit, autant et plus par ses silences, par la coupe de ses paragraphes, que par ses paroles écrites, cette variété et cette puissance du destin dont seul le spectacle de la mer peut fournir à l'esprit un symbole.

Dans *Montparnasse*, qui a fait de Cendrars un de ses phares dans la recherche d'une modernité non surréaliste, l'éloge de Paul Husson est sans réserves.

Ce n'est pas un roman, ce n'est pas une histoire, ce n'est pas un poème. Ce sont ces trois choses à la fois.

Littérature primitive toute bouillonnante de force et de vérité.

[...] Il faut l'admirable santé de Cendrars pour traiter avec tant de puissance et en même temps de naturelle vérité, ce qui aurait pu être grandiloquent et poncif chez un autre.
Cendrars est à la fois un grand primitif et l'Annonciateur des temps nouveaux.

Son œuvre console heureusement de tous les détours et contours des prétendus modernes d'aujourd'hui qui travaillent en laboratoire clos.

Montparnasse, n° 41 *bis*, mai-juin 1925 (D.R.).

L'HOMÈRE DU TRANSSIBÉRIEN

John Dos Passos, qui fut l'ami de Cendrars et traduisit *Le Panama* en anglais, lui a consacré un

chapitre d'*Orient-Express*, où il le baptise l'Homère du Transsibérien. Écrit en 1927, ce livre vient enfin d'être traduit en français.

Blaise Cendrars a écrit *L'Or,* l'histoire du général Johann August Suter, récit qui suit la trajectoire la plus rapide et la plus pure que j'aie jamais vue, qui éventre comme d'un coup de couteau les stupidités fadasses de presque toute la prose française actuelle avec ses gants jaune citron, son eau de rose, son eau bénite, son afféterie cosmopolite de *policier-gentleman*. C'est sans doute parce qu'il est véritablement un vagabond international – contrairement à ceux de l'école du Quai d'Orsay – que Cendrars a réussi à saisir les rythmes grandioses de l'Amérique d'il y a trois quarts de siècle, et dont notre génération commence tout juste à créer les mythes. (Comme si on était jamais *véritablement* quelque chose ; c'est un bon écrivain, un point c'est tout.) Dans *L'Or,* il concentre dans une sorte de fusée volante toute l'absurdité tragique et turbulente de la ruée de 1849. C'est si vite fait qu'on lit une deuxième fois, de crainte d'avoir manqué quelque chose.

John Dos Passos
Orient-Express, Éditions du Rocher, 1991, p. 267.

VIII. ADAPTATIONS

L'OR AU CINÉMA

Le 11 novembre 1926, en vue d'une adaptation cinématographique qu'il juge imminente, Cendrars écrit 7 pages de « Suggestions pour une intrigue féminine à intercaler » suivi d'un découpage du roman. Riche en renseignements précieux, ce texte est inédit.

SUGGESTIONS
pour
UNE INTRIGUE FÉMININE
à intercaler
dans L'ADAPTATION CINÉMATOGRAPHIQUE
de
SUTTER'S GOLD

Roman de
BLAISE CENDRARS

NOTES PRÉLIMINAIRES

Document Fonds Blaise Cendrars. Archives Littéraires Suisses, Bibliothèque Nationale Suisse, Berne.

1°). LE FILM « SUTTER'S GOLD ». Étant donné le sujet NATIONAL AMÉRICAIN du roman de Mr. BLAISE CENDRARS, le film de SUTTER'S GOLD ne peut être réalisé que selon la formule d'une SUPERPRODUCTION, c'est-à-dire ce sera un Film HISTORIQUE, SENTIMENTAL et ARTISTIQUE, une réalisation d'EXCEPTION, destinée à être exploitée dans le sens de l'EXCLUSIVITÉ pour avoir la portée la plus grande et plus universelle.

2°). FILM HISTORIQUE, SENTIMENTAL ET ARTISTIQUE. Ce genre de film est la meilleure forme de la Réalisation Cinématographique. Il permet la large exposition d'un Sujet, de l'exploiter dans tous les sens, de le situer dans le passé, de le dégager et de lui donner toute son importance dans le

Portrait de
B. Cendrars.
Dessin de
Modigliani.
Ph. Edimédia.

« Avec toute ma sympathie ».
Autographe de
B. Cendrars,
Ph. René-Jacques.

présent et même d'en tirer des conclusions pour l'avenir. Seul un sujet HISTORIQUE est capable d'une telle extension.

Un tel film frappe l'esprit, l'imagination et le cœur ; surtout si le Moment Historique est bien choisi, si l'Intrigue n'est pas trop lourde, si elle est bien menée, si elle se déroule dans des Sites Nouveaux et des Ambiances Curieuses, si les Caractères sont bien « typés » et s'ils agissent au milieu d'une Foule de Figurants bien choisis et si possible de plusieurs races.

A l'aide de tels véhicules on peut se livrer à l'Action Dramatique la plus intense, la plus large, la plus complète, sans que jamais elle ne fatigue. Un tel film est INOUBLIABLE. Il intéresse TOUTES les couches de la société dans TOUS les pays du monde. Les uns suivent l'INTRIGUE, les autres sont séduits ou charmés par les PAYSAGES, les SITES, les MŒURS CURIEUSES, la PAGE D'HISTOIRE, tous subissent à leur insu le PATHÉTISME qui se dégage d'un tel spectacle.

3°) SUPERPRODUCTION. Étant donné les frais considérables d'établissement d'une SUPERPRODUCTION et les Capitaux engagés, un tel film ne peut être réalisé qu'en vue de l'Exploitation en EXCLUSIVITÉ, ce sera donc un film d'EXCEPTION.

4°) FILM D'EXCEPTION. Le Film d'Exception est le film qui exige le plus de TEMPS, le plus de TRAVAIL, le plus de SOINS, les plus gros CAPITAUX, le plus grand nombre de COLLABORATEURS, l'exécution technique MODERNE la plus recherchée, les ACCESSOIRES les plus variés, les meilleurs INTERPRÈTES, un SCÉNARIO tout à fait de choix, une ACTION mouvementée qui se déroule dans les plus beaux SITES et les plus beaux PAYSAGES, les COSTUMES les plus typiques ou les plus plaisants, etc., etc. Il doit également produire deux, trois clous à SENSATION que le public d'aujourd'hui exige dans toute Superproduction, tels que batailles, incendie de forêt, scènes d'eau, etc., etc. Il doit également présenter quelques détails PITTORESQUES ou plein d'HUMOUR tels qu'animaux rares, flore extravagante, ou races humaines, certaines tribus sauvages avec leurs mœurs et leurs coutumes, etc.

Le Film d'Exception qui réunit tous ces éléments est d'un placement assuré, d'un rendement automatique maxima et d'une portée incalculable pour le pays qui l'a produit. Il écarte toute concurrence possible sur le marché justement parce qu'il est d'exception et qu'il sort de la production moyenne industrialisée. C'est le film qu'attendent et que recherchent TOUS LES *exploitants* du monde, c'est celui qui leur assure les plus belles recettes, celui que l'on soigne, auquel on donne le maximum de Publicité, à la réussite duquel des milliers d'individus et de sociétés sont directement intéressés. C'est ce qui fait sa plus sûre garantie de SUCCÈS.

On ne saurait donc attacher assez d'importance à la question du SCÉNARIO qui doit servir de base à une telle entreprise et d'économie à la formidable organisation que nécessitent aujourd'hui les besoins de réalisation d'un grand film moderne.

5º) LE SCÉNARIO. Le SUJET d'une Superproduction doit toujours être cherché dans l'HISTOIRE d'un pays, et plutôt dans l'Histoire légèrement Légendaire que dans trop de précision historique.

L'Histoire légèrement Légendaire touche directement de plus larges couches sociales et humaines ; elle met en relief ce qu'il y a d'UNIVERSEL dans l'Histoire Nationale, c'est-à-dire des Caractères HÉROÏQUES.

Inutile d'insister sur les raisons d'opportunité cinématographique qui nous font chercher le sujet d'une Superproduction dans l'Histoire Nationale Américaine. Une page de cette Histoire, la Conquête de la Californie, nous fournira l'ÉLÉMENT LÉGENDAIRE, et un épisode, la Découverte de l'Or en 1848, l'ÉLÉMENT HÉROÏQUE.

Le cœur du scénario : LA CONQUÊTE DE L'OR est donc un sujet UNIVERSEL.

C'est en somme l'Histoire de la DERNIÈRE AVENTURE des temps modernes, la lutte entre le pouvoir de l'organisation, le sentiment de la liberté, de l'indépendance, de la nationalité naissante et les intérêts féroces désordonnés des individus.

Le personnage central est le GÉNÉRAL JOHN A. SUTTER.

L'Histoire Merveilleuse de la Vie du Général offre matière à un très beau film dramatique...

L'esprit de conquête et d'aventure de J. A. SUTTER le mène dans l'intérieur du pays. Forêts vierges, rivières gigantesques, luttes avec les Peaux-Rouges, nature hostile, bêtes sauvages, esclaves noirs, Mexicains, Canaques, puis le déluge des aventuriers de toutes nations, la Grande Ruée vers l'Or, tout cela sont cinématographiquement parlant des éléments extraordinairement bons.

Les caractères des personnages et leurs situations sont héroïques et bien tranchés.

Mais il faut pour les besoins Dramatiques du film ajouter à cette histoire quelques PERSONNAGES FÉMININS, autour desquels l'intrigue se noue et les intérêts, les mobiles de tous gravitent.

6°) PERSONNAGES FÉMININS. Ayant toujours eu en vue une ADAPTATION CINÉMATOGRAPHIQUE possible, c'est EXPRÈS que Mr. BLAISE CENDRARS n'a fait qu'esquisser, dans son livre, les personnages féminins et n'a pas poussé plus vigoureusement leur caractère. En écrivant son livre, il pensait au metteur en scène et voulait lui faciliter son adaptation en lui laissant *libre choix* de telle ou telle intrigue d'amour, selon la « star » dont il disposerait, le goût momentané du public selon telle ou telle scène d'amour ou les nécessités imposées par les Commanditaires ou les exigences de la Censure.

Les scènes d'amour sont toujours la pierre d'achoppement dans les adaptations d'un roman à l'écran.

7°) Mr. BLAISE CENDRARS, poète, écrivain, romancier et journaliste a derrière lui DIX ANNÉES d'activité cinématographique. Il a notamment réalisé, en collaboration avec Mr. ABEL GANCE, les deux plus importantes productions cinématographiques d'Europe : J'ACCUSE, grand film de guerre de propagande française et LA ROUE, grand film sur l'Activité d'un réseau de chemin de fer. C'est dire qu'il est qualifié pour faire tout le SCÉNARIO de SUTTER'S GOLD ou de collaborer au découpage (Synopsis et Continuity).

Les paragraphes suivants exposent sa façon d'envisager UNE INTRIGUE FÉMININE à intercaler dans l'Adaptation Cinématographique de SUTTER'S GOLD.

Suggestions de l'Auteur.

8°) PERSONNAGES FÉMININS DU ROMAN (dont on peut tirer parti dans l'adaptation cinématographique).

Rôles féminins de premier plan :

Mme SUTTER

MARIA, la Napolitaine

Rôles féminins de deuxième plan :

MINA, la fille du Général.

Rôles féminins épisodiques :

Femmes des îles Sandwich

Types d'aventurières

Chercheuses d'Or

Indiennes (dont la femme de Marchais le forgeron).

9°) INTRIGUE FÉMININE. En Suisse, dès le PROLOGUE, nouer une intrigue entre JOHANN AUGUST SUTTER, sa FIANCÉE, la fille du pasteur de Grenzach, qui devient Mme SUTTER et MARIA, la Napolitaine, une femme de cirque AMBULANT, qu'il retrouvera plus tard à Fort Indépendance et qui l'accompagnera sur la piste de Fort Van Couver (en compagnie des missionnaires et des deux autres femmes) pour mourir de privations dans l'Idaho, dans les forêts géantes, sur les Rives de Snake-river, en lui léguant son chien.

10°) INTÉRÊT SENTIMENTAL. Si cette intrigue est vigoureusement nouée *dès le début* elle suffit pour maintenir l'INTÉRÊT SENTIMENTAL DU FILM et devient un des ressorts dramatiques principaux de la Vie du Général.

Deux caractères féminins :

1) Mme Sutter (jeune fille douce et timorée).

2) Maria (type de vamp clownesque, sympathique).

11°) SCHÉMA RAPIDE D'UN SCÉNARIO (en tenant surtout compte des Situations Pathétiques Féminines données du roman.

PROLOGUE. Ouvrir le film, comme dans le livre, où Sutter arrive à Rünenberg (Suisse), se sauve et le suivre jusqu'à ce qu'il pénètre dans les forêts des Franches Montagnes.

Puis montrer du fugitif sa jeunesse à la maison (c'est ici qu'il faut poser l'intrigue féminine). Son humeur inquiète qui le fait épouser la fille du pasteur de Grenzach (une jeune fille douce et timorée), Mme Sutter, qui lui fait entreprendre de mauvaises affaires (c'est en tant que banqueroutier qu'il part), qui le fait s'amouracher de MARIA (une femme de cirque ambulant (type de vamp sympathique, clownesque). Mme Sutter et ses enfants abandonnés.

PREMIÈRE PARTIE. UN HOMME TRAQUÉ. Reprendre Sutter sur la route en Bourgogne. Ses aventures avec les vagabonds allemands. La fausse lettre de change à Paris. Sa fuite et son embarquement au Havre.

Sa vie à New York.

St. Louis.

Fort Indépendance. Sa rencontre avec Maria. Elle l'accompagne sur la piste de Van Couver. Mort de Maria.

DEUXIÈME PARTIE. HISTOIRE D'UNE IDÉE FIXE.

Van Couver.

Honolulu.

Dans la baie de San Francisco.

Le Sacramento.

La Nouvelle Helvétie.

Son travail.

Son influence.

Rêve. Calme. La Paix.

Remords d'avoir abandonné sa femme et ses enfants.

Il leur écrit de venir le rejoindre.

TROISIÈME PARTIE. LA RUÉE VERS L'OR.

Départ de Mme Sutter.

Mort de Mme Sutter.

Apothéose à San Francisco du Général.

QUATRIÈME PARTIE. UN HOMME ABANDONNÉ.

Le procès.

Destruction de la Nouvelle Helvétie.

Des gens s'établissent dans le pays.

Le Mariage de Mina (l'Avenir).

Tribulations à Washington.

La Mort du Général.

L'adaptation connaîtra bien des péripéties, que décrit Jay Bochner.

Il est évident que le roman de Cendrars a servi de modèle à Eisenstein, et tout aussi évident que le cinéaste russe poursuivait d'autres buts. La ligne de vie de Suter devient, entre ses mains, moins importante, ses voyages moins dispersés. Chez Eisenstein, Suter vise directement la Californie, et y parvient en traversant le continent sans détours. Puis le thème social l'emporte ; tandis que le Suter de Cendrars lutte contre lui-même et son destin – la terre du blé et de l'or –, le héros d'Eisenstein doit lutter contre les hommes rapaces, les milliers de pauvres bougres envoûtés par le rêve – capita-

Jay Bochner, « La fortune de l'Or en Amérique », p. 35-61 in *Cendrars aujourd'hui – présence d'un romancier,* (textes réunis par Michel Décaudin). Paris, Lettres Modernes, 1977. (Coll. « L'Icosathèque » 4 ; « le plein siècle » I).

liste – de l'argent. Ainsi, dans ce scénario les hommes sont victimes les uns des autres. Un détail presque insignifiant chez Cendrars, la lutte de Suter avec un immense Noir dans un cirque, devient critique pour Eisenstein qui en fait une scène importante qui clôt la première bobine. Chez Cendrars l'homme est davantage seul, et comme il affronte les choses plutôt que les hommes, le style de son destin est plus sombre, plus aliéné.

[...] *Sutter's Gold* resta en rade pendant quelques années encore, jusqu'à ce que le célèbre Howard Hawks y pense en 1934. C'était Hawks qui avait tourné, en 1932, la vie de Al Capone, *Scarface*. Comme on le sait, Cendrars venait d'adapter le *Al Capone : Biography of a Self-Made Man* de Fred D. Pasley (New York, Ives Washburn, 1930), et l'on peut remarquer la similitude entre le titre du film de Hawks et celui de la version française de cette biographie : *Al Capone le balafré* (Au Sans Pareil, 1931). Il est vrai que Capone était bien connu dans la presse sous le nom de Scarface. Le film, dont la production était assurée par Howard Hughes, prenait pour point de départ le livre d'un certain Armitage Trail. Aucun renseignement ne permet de penser que Cendrars connaissait Hawks.

Ce fut ce dernier qui fit venir William Faulkner à Hollywood en 1934 pour travailler chez Universal sur un certain nombre de scénarios. Faulkner avait déjà fait un stage de scénariste en 1932, chez Paramount qui venait d'obtenir une option sur le seul roman à grand succès du romancier : *Sanctuary*. Son biographe, Joseph Blotner, nous signale que Faulkner commença à rédiger un scénario pour *Sutter's Gold* au mois de juillet 1934, et qu'il le termina en quelques semaines.

Charles Laughton devait figurer dans cette version du film, et il est malheureux qu'une telle collaboration de génies – Hawks, Faulkner,

Laughton – ait été dissoute, bien que le scénario de Faulkner ait disparu et que nous ne puissions pas porter de jugement sur sa qualité.

[...] Mais Hawks fut remplacé par James Cruze, metteur en scène prestigieux à l'époque du muet bien que pratiquement oublié de nos jours. Cruze était devenu célèbre en 1923 avec *The Covered Wagon*, film grandiose qui contait la traversée du continent par les premiers immigrants à la recherche de l'or. C'était le premier des westerns épiques et il servit à établir les normes ainsi qu'à forger les mythes du genre.

[...] Les motifs de ce choix se devinent aisément : on remplaçait Hawks le psychologue des têtes brûlées par Cruze, l'animateur de fresques héroïques.

S.M. EISENSTEIN

En 1930, Eisenstein écrit un scénario complet à partir de *L'Or*. Le projet échouera faute de financement. Voici le début et la fin de cette adaptation :

PREMIÈRE BOBINE

Une chanson de Californie.
Une chanson gaie et joyeuse que tout le monde connaît.
La chanson heureuse se poursuit tandis que défile une série de titres qui racontent l'histoire, les héros et les aventures merveilleuses d'un passé révolu.
On approche de la fin de ces titres. La chanson s'est affaiblie. A mesure qu'elle diminue de volume, on entend de l'eau qui gicle. Un petit filet sort d'une fontaine et coule dans l'auge en faisant jaillir des bulles. Dans l'eau se reflète une vieille église suisse.

S.M. Eisenstein, *Sutters' Gold*, in Ivor Montagu, *With Eisenstein in Hollywood*, New York, 1974. La présente traduction est due à l'obligeance de Bruno Vercier.

Devant les maisons des vieillards assis fumant la pipe et des vieilles femmes occupées à des travaux d'aiguille. Atmosphère somnolente et rêveuse.

Sur les marches d'un café des gens boivent dans de grands pichets d'étain.

[...]

LA FIN

« Merci », dit Sutter, en tombant mort sur les marches.

La caméra remonte les marches rapidement.

L'entrée du tribunal.

Grande pièce vide. Fauteuils vides.

Sa petite silhouette noire sur l'immensité très large de l'escalier.

Le soleil continue sa course éternelle, et l'ombre du tribunal, énorme, vient recouvrir les marches comme un rideau noir.

Une voix inconnue, venant d'on ne sait où, dit les phrases suivantes :

« Les gens meurent

Les événements sont recouverts par la poussière de l'histoire.

Les légendes sont oubliées. »

L'ombre s'étend, recouvre encore plus les marches, et le cadavre de Sutter disparaît dans l'obscurité épaisse.

« Les légendes sont oubliées.

Mais les chansons

Les chansons demeurent ! »

Et pendant que le mot FIN apparaît sur l'écran, on entend la joyeuse chanson de Californie, si vive, que tout le monde connaît, la chanson de Californie.

LA PREMIÈRE À SACRAMENTO

Quant au film de James Cruze, le scénario (qui n'engage plus Cendrars) ne donne pas dans l'allusif. Voici le début du résumé qu'en proposait le programme distribué avant la projection. Plaisir au kitsch...

Johann Sutter, impliqué dans un crime qu'il n'a pas commis, s'enfuit de son pays natal – une humble bourgade suisse – après avoir dit un suprême adieu à sa femme, hâtivement embrassé par ses enfants. Il passe heureusement la frontière, émigre aux Amériques. La fortune lui demeure longtemps contraire. Cependant, dès qu'il s'enfonce dans l'Ouest, contrée vierge encore, il entrevoit les immenses possibilités qu'offre ce pays inconnu mais immensément fertile.

Et bientôt, le chef se révèle. Déjà, sur le navire qui l'a transporté vers le Nouveau-Monde, il a réduit à merci le capitaine, un négrier qui prétendait le jeter aux fers après l'avoir délesté de ses maigres économies. Avec l'aide d'un ami de hasard, Peter Perkin, émigrant comme lui – et qui restera dévoué à Sutter jusqu'à son dernier souffle – il a réussi à soulever l'équipage et rendu la liberté aux esclaves : troupe fidèle qui ne le reniera plus mais l'aidera au contraire à jeter les fondements de sa fortune.

[...]

Ce succès à peine obtenu, la Providence sourit encore à Johann Sutter. Une mission russe accoste aux rives de la Californie. De son chef, Sutter obtient des produits d'élevage. Et, à nouveau, sa fortune change de face. A la richesse naissante succède l'opulence. Et, au cœur de cet homme parti de rien qui fit verdir un désert, un nouveau sentiment vient s'ajouter à un juste orgueil :

Document Fonds Blaise Cendrars. Archives Littéraires Suisses, Bibliothèque Nationale Suisse, Berne.

Blaise Cendrars à Tremblay-sur-Mauldre, 1926. Ph. © Collection Viollet.

l'amour. La comtesse Elizabeth, une des plus brillantes jeunes femmes de l'aristocratie russe, a accompagné la mission. C'est une âme vaillante, un esprit intrépide, une épouse déçue, qui s'est toujours ingéniée à fuir son morne foyer. Elle emportera les regrets de Sutter, conserve le souvenir de cet homme fort. Deux ans après, elle revient.

Ils sont prêts à s'unir au mépris des conventions sociales. Ils s'aiment. Ou plutôt, elle l'admire et Sutter est ébloui par cette Slave fascinante. Et la Providence se range décidément à ses côtés.

Pour faire bonne mesure, Cendrars accompagne le film d'un article, là encore discrètement recentré sur le roman et le personnage historique.

[...] Le cartel du textile *The Textile Color Card Association of the U.S.A.* a décrété que la couleur à la mode serait, pour le printemps et l'été 1936, *le jaune Sutter : L'Or,* et aussitôt tous les fabricants et les manufacturiers se mirent à fabriquer et à tisser et à lancer des étoffes, des draps, des soieries, des taffetas, des cuirs de toutes qualités et propres à tous les usages, robes, mouchoirs, blouses, rubans, voiles, pyjamas, chaussettes, cravates, gants, chaussures, parasols, sacs à main, costumes de plage, chemisettes, chapeaux, rideaux, tissus et étoffes d'ameublement ou de décoration, ou pour garniture des carrosseries d'automobiles.

De même l'Association *International Flower Show* décréta que la fleur à la mode serait un narcisse à fleur double et d'un beau jaune baptisé *L'Or de Sutter* et dont la création est due à Muller-Sealy, les fameux fleuristes de New York.

C'est ainsi qu'actuellement, dans toutes les villes des États-Unis, toutes les vitrines sont jaunes ou or, et que les commerçants, luttant d'ngéniosité

Cité dans *Europe*, n° 566, juin 1976, p. 212-214.

dans les moyens qu'ils emploient pour frapper l'attention de la foule, rendent eux aussi un hommage unanime à la mémoire du général Sutter, hier encore pionnier inconnu, et qui est en passe de devenir un des héros les plus populaires d'Amérique. Son portrait est exposé partout, en compagnie de mon livre, d'ailleurs.

L'enthousiasme est tel que les grands hôtels organisent des bals costumés, *Le Bal des Chercheurs d'Or,* et que même les coiffeurs annoncent un nouveau port de barbe, la barbe taillée à la chercheur d'or !

LE PROCÈS TRENKER

Après la sortie du film de Luis Trenker, *Kaiser von Kalifornien* (1936), qui utilise *L'Or* sans le citer, Cendrars charge Mᵉ Maurice Garçon de ses intérêts. Dans ses entretiens avec Manoll, Cendrars tire la leçon d'un procès qui tourna court.

[...] les Allemands ont tiré un film de mon livre, sans autorisation et sans payer de droits. Comme j'avais l'intention de leur faire un procès avec demande de cinq millions de dommages-intérêts, Luis Trenker, le metteur en scène et le principal interprète du film allemand, exploité à Paris sous le titre de *L'Empereur de Californie* (à tort ou à raison Luis Trenker passe pour être l'auteur des *Mémoires* apocryphes d'Eva Braun, la femme de Hitler), Trenker plaidait l'historicité de la ruée vers l'or. « Le général Sutter ne vous appartient pas, argumentait-il, l'histoire de la Californie ne vous appartient pas, nous ignorons votre livre. » A quoi je répondais : « Si vous ignorez mon bouquin, comment cela se fait-il que vous commettez la même erreur que moi ? expliquez-le-moi, la même erreur géographique et topographique, erreur que

BCVP, p. 585.

j'ai corrigée dans une édition ultérieure à celle de mon livre *L'Or* que vous vendez au guichet des salles d'exploitation. Je l'ai fait constater par huissier. » Avec cela je lui ai cloué le bec. Mais le procès n'a pas eu lieu, vu l'arrivée des Allemands à Paris, l'occupation et le zèle que les Boches apportaient à vouloir s'occuper coûte que coûte de mes affaires. Finalement, ils m'ont interdit comme Juif, ce qui est un comble ! J'ai figuré sur la liste « Otto ».

IX. FORTUNES DE L'OR

CHASSES AU TRÉSOR

C'était inévitable et sans doute escompté par Cendrars : le dernier chapitre du roman a déclenché une (petite) ruée vers l'or.

Que n'a-t-il pas suggéré là, imprudent auteur !
Tous les Sutter, Suter, Souter, de Californie et États avoisinants submergent Blaise de demandes.
John A. Sutter Junior, de San Francisco, qui est réellement le petit-fils du Général, proteste que son ancêtre n'était pas un malhonnête homme poursuivi par la justice suisse, mais un vaillant Capitaine de la Garde Impériale française (Blaise pour sa part est pratiquement certain qu'il y a confusion de personnes), néanmoins, si Cendrars pense que les héritiers légaux ont une chance... on trouverait un avocat qui prendrait le risque d'intenter une action, sur promesse d'une part substantielle des sommes récupérées, et M. Cendrars y trouverait son compte, c'est sûr.

Un autre Sutter, de l'Alabama, enjoint Cendrars de lui communiquer l'adresse des membres et descendants de la famille Sutter qu'il connaît : il faut que tous les héritiers se liguent... et M. Cendrars sera rémunéré pour les informations et l'assistance qu'il lui fournira.

Déjà, à la lecture de la version originale française, un pasteur suisse avait écrit qu'il s'était trouvé une cousine berlinoise née à Rein, probablement parente des Suter de Rünenberg.

Miriam Cendrars, *Blaise Cendrars, op. cit.*, p. 607.

STALINE LECTEUR DE *L'OR*

L'Or **a-t-il été un livre de chevet de Staline ? Visiblement, l'idée séduit Cendrars.**

C'est un ingénieur américain, I.D. Littlepage, auquel les Soviets ont fait appel pour monter l'industrie de l'extraction de l'or chez eux ou, plutôt, pour industrialiser rationnellement l'extraction de l'or en Sibérie, au nord du fleuve Amour, dans la région de Kolyma, qui raconte que le livre de chevet de Staline était *L'Or*. C'est possible. *L'Or* a paru en 1926 en Russie, dans une traduction de Victor Serge.

BCVP, p. 613-614.

— Est-ce que vous croyez que la lecture de *L'Or* a pu inciter Staline à faire prospecter les gisements d'or de son pays ?
— Il ne faut rien exagérer.
— Est-ce que vous pensez que cela a pu lui donner quand même une indication précieuse ?
— Je crois que cela a pu lui en donner une, mais je n'en sais rien. D'après Littlepage cela lui en aurait donné l'idée. D'autres témoignages insistent sur ce point.

Dans sa préface à l'édition russe, Victor Serge, le 15 octobre 1925, propose une lecture politique de *L'Or*

La merveilleuse histoire du général Johann August Suter est à bien des égards édifiante.

Document Fonds Blaise Cendrars. Archives Littéraires Suisses, Bibliothèque Nationale Suisse, Berne.

Le hasard — terme commode inventé pour désigner l'ignorance — n'a pas de place dans la vie sociale, régie par des lois inflexibles qui dominent de haut les aventures et les mésaventures des existences les plus accidentées.

C'est au sens profond de la fortune et de la ruine du pionnier Suter, ruiné pour avoir bâti sur un sol où dormait cet explosif : l'or — que nous voudrions faire réfléchir le lecteur de ce livre. [...] La Californie naissante est submergée par ce flot humain. Rien ne va rester de ses travaux, de ses fermes prospères, de l'œuvre tenace d'un Suter. La découverte de l'or provoque, sur place, une terrible dépréciation de tout travail. Puisqu'on peut ramasser à la pelle le précieux métal dont le monde capitaliste a fait l'équivalent de toutes les marchandises, pourquoi produire, que produire ? Ne produisent que ceux qui, faisant vivre les chercheurs d'or, les exploitent durement. Grâce à eux pourtant la Californie va renaître. Sur les ruines d'une colonie agricole aux mœurs patriarcales, surgissent les grandes cités modernes du Dollar.

Dans les mines d'or et les entreprises industrielles qu'elles ont suscitées peineront bientôt, pour les premiers aventuriers enrichis, des foules de travailleurs misérables qui n'ont à vendre que leur peine. Des prolétaires. Plus tard ils s'uniront. Ils prendront conscience de leur force. Ils se demanderont : Qu'est-ce que l'or ? Ils comprendront que l'or n'est qu'une effigie du travail et que la valeur de l'or est une immense mystification. Ils deviendront les fossoyeurs de la cité du Dollar, les bâtisseurs de la cité du travail libéré. Le cycle dialectique de l'évolution capitaliste se clora.

Ces lointaines perspectives – mais certaines – apparaissent, à qui veut bien réfléchir, au-delà des dernières pages de ce livre, nettes comme le profil de gratte-ciel de San Francisco érigés à l'emplacement des villages que fonda le général Johann August Suter. [...]

L'or – c'est-à-dire le système d'exploitation et d'échange qu'il représente – continue à remplir dans le monde sa mission destructrice. Mais le travail qu'il trompe, le travail dont il n'est que l'effigie malfaisante, le suit pas à pas, bâtissant où l'or a détruit, bâtissant parfois avec l'or même, apprenant de mieux en mieux à discerner, sous les aventures des hommes, des peuples et des pays, les profondes lois sociales qu'il faut connaître pour transformer le monde.

Et nous entrevoyons déjà la fin du règne de l'or.

« J'imagine, disait Lénine le 5 novembre 1921, que lorsque nous aurons vaincu dans le monde entier, nous ferons peut-être édifier, sur les places publiques de quelques grandes cités, des vespasiennes en or. Ce serait l'emploi le meilleur, le plus édifiant, le plus frappant que l'on pourrait faire de l'or pour des générations pleines du souvenir des hécatombes qu'il a provoquées.

LA TOISON D'OR

Le dernier mot revient, tout naturellement, à l'alchimie des signes et des mythes. C'est en 1949.

Ce qui me frappe, c'est que le principal centre d'extraction de l'or natif dans les territoires de Yakoutie mis en valeur par le super-trust, *Soiuz-Zoloto* de Serebrovski, s'appelle Kolyma et je ne puis empêcher que dans mon esprit s'établisse un rapprochement entre ce nom de Kolyma et celui de Coloma, le moulin du général Suter où le coup de pioche fatidique du charpentier Marshal mit à jour la première pépite californienne qui devait déclencher « la ruée vers l'or » de 1848. On sait que les colons, les établissements russes étaient nombreux le long de la côte ouest du Pacifique nord, descendant jusqu'au Mexique, et que le général Suter acheta les plus belles fermes du littoral aux Russes, avant l'arrivée des Américains en Californie. D'après mes renseignements la découverte des placers dans la Vallée de l'Or, la *Zolotaïa Dolina,* en Yakoutie et leur première exploitation à Kolyma datent de 1863.

L'or est maudit.

La Toison d'Or. Le Pacifique est la mer intérieure des Argonautes modernes. Quelle

« La Tour Eiffel sidérale », *LC,* p. 522-523.

pouvait bien être la politique personnelle de Jason qui se voile dans sa légende et dont la trame donna naissance à toute une mythologie et à des traditions poétiques de Platon à l'Atlantide, de Christophe Colomb au Nouveau Monde, de Cortez au palais de Montézouma (Thalassa ! « *La mer ! La mer !* » devait s'écrier en 1513 Vasco Nuñez de Balboa en découvrant les eaux du Pacifique et en poussant son cheval écumant dans la mer...), de Morgan, le pirate, au sac de Lima et à l'enfouissement d'un inestimable trésor dans l'île des Cocos (on retrouve la même épopée de l'or maudit dans les traditions de l'Inde, de la Chine ancienne, des Bantous au cœur de l'Afrique noire), s'agit-il réellement de politique pure et non pas de sang, de voluptés et d'aventures, bref, de Vie, de Mort, de la passion des Hommes ?...

La politique et ses mobiles, le nom des héros, des conquérants et des victimes, les cultures, les civilisations, tout s'effondre, s'efface, les monuments se tassent, les patries et les peuples sont oubliés, seule dure la Poésie comme le souvenir intermittent et quasi inconscient d'un rêve d'enfance : la déification de l'humanité, l'homme RÉEL.

X. BIBLIOGRAPHIE

I. ŒUVRES DE CENDRARS

1. ŒUVRES COMPLÈTES

Deux éditions :
— chez Denoël, en VIII volumes (1960-1965), tous disponibles, auxquels vient de s'ajouter la correspondance de Cendrars avec Jacques-Henry Lévesque (édit. Monique Chefdor, 1991). Le tome VIII contient une Bibliographie générale par Hughes Richard (1965). Quoique sans ordre ni présentation, cette édition reste indispensable pour les textes non repris séparément.
— au Club français du Livre, en XV volumes (1968-1971). Épuisée, elle vaut surtout par le volume d'*Inédits secrets* (établis par Miriam Cendrars) qui l'accompagne.

Aucune de ces éditions n'est critique ni même complète. De plus, les archives Cendrars, à Berne, ont révélé de nombreux inédits (voir le *Catalogue du Fonds Blaise Cendrars* par Marius Michaud, A la Baconnière, « Cahiers Blaise Cendrars », n° 1, 1989).

2. ÉDITIONS DE *L'OR*

L'Or est, de loin, le texte de Cendrars le plus souvent publié et traduit, notamment en allemand par Ivan Goll et en russe par Victor Serge.
1925 Grasset (achevé d'imprimer du 6 mars).
1947 Grasset. Édition revue et corrigée.
 (Certains exemplaires ont fait l'objet d'une recouvrure par les Éditions Denoël.)
1961 *Œuvres complètes,* Denoël, II, p. 109-228.
1969 *Œuvres complètes,* CFL, II, p. 135-245.
1973 Gallimard, « Folio ».

3. AUTRES ROMANS

Entre fiction, biographie et autobiographie, le roman chez Cendrars est d'un repérage parfois délicat.

Buste de Blaise Cendrars, 1910, réalisé par August Suter. Coll. Thomas Gilou. Ph. François Tissier.

1919 *La Fin du monde filmée par l'Ange N.-D.,* La Sirène, avec des compositions de F. Léger.
　1961, Denoël, II.
1922 *Moganni Nameh, Les Feuilles libres* (n° 25-30).
　1962, Denoël, IV. (Écrit entre 1910 et 1912, le premier grand texte de Cendrars. *Aléa,* sa version originale inédite, est attendue à la Baconnière.)
1926 *Moravagine,* Grasset. 1956, Éd. corrigée et complétée.
　1961, Denoël, II, 1983, Grasset, « Les Cahiers rouges ».
1926 *L'Eubage / Aux antipodes de l'unité,* Au Sans Pareil.
　1961, Denoël, II.
1929 *Le Plan de l'Aiguille,* Au Sans Pareil.
　1960, Denoël, III. 1987, L'Age d'homme, « Poche-suisse ».
1929 *Les Confessions de Dan Yack,* Au Sans Pareil.
　1960, Denoël, III. 1988, L'Âge d'homme, « Poche-suisse ».
1930 *Rhum. L'aventure de Jean Galmot,* Grasset.
　1960, Denoël, III. 1983, Le Livre de Poche, « Biblio ». 1990, Grasset, « Les Cahiers rouges ».
1956 *Emmène-moi au bout du monde !...,* Denoël.
　1964, Denoël, VII. 197 , Gallimard, « Folio ».
1969 *L'Argent (Histoire mirobolante de Jim Fisk),* in *Inédits secrets,* CFL, p. 413-428.
1989 *John Paul Jones ou l'ambition,* Fata Morgana, préface de Cl. Leroy.

Le catalogue des archives de Berne dresse l'inventaire de nombreux projets abandonnés.

4. TEXTES ABSENTS DES ŒUVRES COMPLÈTES

1936 « La merveilleuse histoire du Suisse Johann-August Sutter, chercheur d'or », Toute l'Édition, 9 mai 1936.
　Repris dans *Europe,* n° 566, juin 1976, p. 212-214.
1952 « Sous le signe de François Villon », *La Table Ronde* n° 41, mars 1952, p. 47-69.
1952 « Partir », *La Revue de Paris,* octobre 1952, p. 33-41.
　Rééd. in *Le Serpent à plumes,* n° 8, hiver 1990.
1952 *Brésil. Des hommes sont venus...,* Monaco, Les Documents d'art, avec 105 photographies de J. Manzon.
　1987, Fata Morgana (sans les photographies).

1969 *Dites-nous, Monsieur Blaise Cendrars...* Réponses aux enquêtes littéraires de 1919 à 1957, recueillies par Hughes Richard, Lausanne, Éditions Rencontre, 1969.

II. ÉTUDES SUR CENDRARS

1. ÉTUDES D'ENSEMBLE

Bozon-Scalzitti (Yvette), *Blaise Cendrars ou la Passion de l'écriture,* L'Âge d'homme, 1977. La meilleure synthèse disponible.

Cendrars (Miriam), *Blaise Cendrars,* Balland, 1984. Rééd. Le Seuil, « Points », 1985. La biographie de référence par la fille de l'écrivain. Nombreux documents inédits.

Flückiger (Jean-Carlo), *Au cœur du texte,* A la Baconnière, 1977. Une étude de *Moravagine* qui ouvre sur une poétique du texte cendrarsien.

Leroy (Claude),
– « Orion manchot », *La Nouvelle Revue française,* n° 421, février 1988, p. 64-74.
– « L'atelier de Cendrars », *Pleine marge,* n° 7, juin 1988, p. 35-52.
– *La Main de Cendrars,* Presses universitaires de Lille (à paraître). L'alchimie de la blessure et de l'écriture qui, à partir de Méréville, a bouleversé l'œuvre.

2. SUR *L'OR*

Bochner (Jay), « La Fortune de L'Or en Amérique », in *Cendrars aujourd'hui / présence d'un romancier, op. cit.*

Boillat (Gabriel), *A l'origine, Cendrars,* Éditions Hughes Richard, Les Ponts-de-Martel, 1985.

Couté (Bernard), *L'Or de Blaise Cendrars,* Armand Colin/Gallimard, « Folio guides 1 », 1976.

Richard (Hughes), « Cendrars et le fabuleux général Sutter », *Europe,* n° 566, juin 1976.

3. OUVRAGES COLLECTIFS

Blaise Cendrars, Europe, n° 566, juin 1976.
Cendrars aujourd'hui / présence d'un romancier (textes réunis par M. Décaudin), Minard, 1977.

Blaise Cendrars 20 ans après (études présentées par Cl. Leroy), Klincksieck, 1983.

Blaise Cendrars (textes recueillis par F.-J. Temple), *Sud,* 1988. (Colloque de Cerisy.)

Le Texte cendrarsien (textes réunis par J. Bernard), Grenoble, CCL, 1988.

L'Encrier de Cendrars (textes réunis par J.-C. Flückiger), A la Baconnière, 1989. (Le colloque suisse du Centenaire.)

Blaise Cendrars, Revue des Sciences humaines, n° 216, 1989-4. (Le point le plus récent. Importante bibliographie.)

4. PUBLICATIONS SPÉCIALISÉES

On en compte cinq. (Le n° 216 de la *Revue des Sciences humaines* les présente en détail.)

Feuille de Routes. Bulletin de l'Association internationale Blaise Cendrars (1979). Deux numéros par an (n° 25, à l'automne 1991). Informations internationales et comptes rendus.

Continent Cendrars. Revue du Centre d'études Blaise Cendrars (C.E.B.C.) de Berne. Un numéro par an, A la Baconnière, (n° 6, fin 1991). Inédits, critiques et informations.

Cahiers Blaise Cendrars. Le C.E.B.C. y publie inédits et travaux critiques, A la Baconnière.

Cahiers de Sémiotique Textuelle. Université Paris X-Nanterre (n°s 11 et 15).

Blaise Cendrars, Minard. Depuis 1986, cette série a publié deux volumes. Un troisième est sous presse.

III. FILMOGRAPHIE DE *L'OR*

1930 *Sutter's Gold.* Scénario de S.M. Eisenstein, G.V. Alexandrov et I. Montagu, in Ivor Montagu, *With Eisenstein in Hollywood,* New York, International Publishers, 1974 (1969), p. 149-206. Avec des dessins d'Eisenstein.

1936 *Sutter's Gold.* Réal. : James Cruze.

1936 *Kaiser von Kalifornien.* Réal. : Luis Trenker.

Le film de Charlie Chaplin, *La Ruée vers l'or,* est sorti en 1925, la même année que *L'Or.*

IV. REPÈRES HISTORIQUES

1. LE GÉNÉRAL SUT(T)ER

Zollinger (J.-P.), *Vie et aventures du colonel Sutter / roi de la Nouvelle Helvétie,* Payot, 1939, 324 p. (Une mise au point documentée, mais tatillonne.)

Zweig (Stefan), « La découverte de l'Eldorado », in *Les Heures étoilées de l'humanité,* Grasset, 1939, p. 191-207. (Biographie réécrite à partir de *L'Or.*)

2. LA RUÉE VERS L'OR

Benard de Russailh (Albert), *Journal de voyage en Californie à l'époque de la ruée vers l'or 1850-1852,* Aubier, 1980.

Crété (Liliane), *La Vie quotidienne en Californie au temps de la ruée vers l'or (1848-1956),* hachette, 1982.

Gascar (Pierre), *L'Or,* Delpire, 1967.

Le Bris (Michel), *La Fièvre de l'or,* Gallimard, « Découvertes », 1988.

Lemonnier (Léon), *La Ruée vers l'or,* Gallimard 1944. (L'histoire de Sutter y est écrite à partir de *L'Or,* qui n'est pas cité.)

TABLE

ESSAI

11   I. UNE AVENTURE AMBIGUË

19   II. PORTRAIT DE L'ARTISTE EN CHERCHEUR D'OR

Une météorite au long cours – "L'écriture est un incendie" – L'autre Suter – La crise de 1923 – Orion manchot – Passage de la ligne.

38   III. LE RÊVE ET LA VIE

Malentendus transatlantiques – Poésie et vérité – Un collage biographique – Utopialand – Suter et Sutter.

54   IV. DON QUICHOTTE EN CALIFORNIE

Partir – Un voyage palimpseste – "Quelque chose comme Guillaume Tell" – Un héros de l'ancien temps.

73   V. "RIMBAUD À L'ÉCOLE DE LA FONTAINE"

Un "écrit linéaire"? – "Le style des bilans" – L'escalier de la fortune – Revenir.

91   VI. UNE LÉGENDE DORÉE

L'Apocalypse selon Johann – Sous le signe de Voragine – L'imitation de la blessure – La blessure de l'imitation – "Johann August Suter".

110   VII. "QUI VEUT DE L'OR ?"

Le lieu et la formule – Un mauvais filon – "L'OR est un leurre" – Retours de manivelle – Entre deux ors.

DOSSIER

135   I. REPÈRES BIOGRAPHIQUES

141   II. LA GENÈSE

Incubation – Confitures – Lettres à Auguste Suter – Raymone 1917 – Ruminations.

153   III. LE CONTEXTE

Adieux au cinéma – L'apprentissage du romancier.

158   IV. CENDRARS ET BIRMANN

Le Messager boiteux – Une "fameuse boulette" – Les ciseaux et la colle.

166   V. POLÉMIQUES EN CALIFORNIE

Lancement du roman – Vie romancée ou roman vécu ? – *L'Or* et ses suites.

178   VI. LA FORMULE DU ROMAN

Éloge des légendes. Notule sur le roman français. La vie et les archives. Un filon. Autocritiques.

185   VII. L'ACCUEIL

"Vient de paraître" – Revue de presse – L'Homère du Transsibérien.

191   VIII. ADAPTATIONS

L'Or au cinéma – S.M. Eisenstein – La première à Sacramento – Le procès Trenker.

207   IX. FORTUNES DE L'OR

Chasses au trésor – Staline lecteur de *L'Or* – La Toison d'Or.

212   X. BIBLIOGRAPHIE

*Impression Maury-Imprimeur
45330 Malesherbes
le 5 novembre 2010.
Dépôt légal : novembre 2010.
1er dépôt légal dans la collection : octobre 1991.
Numéro d'imprimeur : 158704.*

ISBN 978-2-07-038439-6. / Imprimé en France.

180240